Adolf Bachmann

Die Wiedervereinigung der Lausitz mit Böhmen, 1462

Adolf Bachmann

Die Wiedervereinigung der Lausitz mit Böhmen, 1462

ISBN/EAN: 9783743330559

Hergestellt in Europa, USA, Kanada, Australien, Japan

Cover: Foto ©ninafisch / pixelio.de

Manufactured and distributed by brebook publishing software
(www.brebook.com)

Adolf Bachmann

Die Wiedervereinigung der Lausitz mit Böhmen, 1462

DIE WIEDERVEREINIGUNG

DER LAUSITZ MIT BÖHMEN

1462

VON

Dᴿ ADOLPH BACHMANN.

A. O. PROFESSOR DER ÖSTERR. GESCHICHTE AN DER K. K. UNIVERSITÄT ZU PRAG.

WIEN, 1882.

IN COMMISSION BEI CARL GEROLD'S SOHN

BUCHHÄNDLER DER KAIS. AKADEMIE DER WISSENSCHAFTEN

I.

Eine so mächtige Erschütterung und Umänderung aller inneren Zustände Böhmens, wie sie die furchtbaren Husiten-kämpfe mit sich brachten, eine Periode so blutiger Kriege, die anderthalb Decennien hindurch vor Allem des Landes eigene Söhne gegen einander mit wachsender Erbitterung durchkämpften, konnte nicht ohne nachhaltige verderbliche Wirkung auch für die äussere Machtstellung des böhmischen Reiches sein. Thatsächlich bildet die Entgliederung der böhmischen Monarchie Carl IV. den starken Schatten dem hellen Glanze husitischer Tapferkeit und Kriegskunde gegenüber, in dem Böhmen noch Jahrzehnte nach Beendigung der grossen Kriege erstrahlte. Als dann der Friede wieder ins Land kam, freilich erst, nachdem man den Kern der waffentrotzigen Taboritenhaufen auf den Feldern von Lipan begraben hatte, da besassen oder beanspruchten ziemlich alle Grenznachbarn wichtige Theile des Krongebietes. So betonten die Habsburger, ganz abgesehen von ihren Erbeinungen mit dem luxemburgischen Hause, noch 1458 ihre besonderen Anrechte an das wichtige Mähren, die sie auf die Abmachungen Herzog Albrecht V. (König Albrecht II.) mit König Sigmund bei der Vermählung mit dessen Tochter zurückführten;[1] die Wittelsbacher, speciell die von Niederbaiern-Landshut, hielten wichtige Lehen fest, die einst Böhmen in der Oberpfalz angehört

---

[1] Man vergleiche a. A. Palacky, Urkundliche Beiträge zur Geschichte Böhmens 1450—1471. Fontes rer. Austriac. Abth. II. XX (Wien 1860), 146—148, Nr. 152.

hatten;[1] all' den reichen und werthvollen Besitz, den Přemys-
liden und Luxemburger im Nordwesten von Böhmens Grenze,
vom Elbethal bis nach Franken hinauf durch Meissen und
Thüringen, erworben, hatten die Wettiner in ihre Gewalt gebracht, ja sogar noch ,diesseits des Waldes' Brüx und Dux
mit ihren festen Burgen, ein unerträglicher Pfahl im böhmischen Fleische, der die Grenzfehde nicht erlöschen liess;[2] die
Lausitz aber verwaltete Kurfürst Friedrich II. von Brandenburg aus dem ruhelos aufstrebenden Hohenzollern-Hause, zwar
nur als Vogt, nachdem er die Pfandschaft im Herbste 1448
von den Brüdern von Polenz erkauft hatte, aber nach dem
gewöhnlichen Laufe der Dinge mit der fast sicheren Aussicht,
das Land in seinen erblichen Besitz zu bringen; kein Wunder,
dass der Markgraf einst den Waffengang nicht gescheut hatte,
als das gleichfalls nach dem Lande strebende Kursachsen dem
nicht ganz correcten Kaufhandel in den Weg trat.[3]

Doch begannen um die Mitte des Jahrhunderts sich die
Verhältnisse zu ändern. Seitdem Georg von Kunstatt auf Podiebrad sich zum mächtigsten Parteiführer in Böhmen empor-
geschwungen, seitdem er vor Allen als allseitig anerkannter
Gubernator die Gegner gebändigt, das Land zum Frieden gebracht, die Kraft des Königreiches verfügbar geschaffen hatte
für eine energische Action nach aussen, schien auch die Zeit
gekommen, die verlorenen Gebiete für die Krone wieder zu

---

[1] Ebendort 190—191, Nr. 194; 192—194, Nr. 198—200. Dieselben Acten-
stücke vollinhaltlich bei v. Stockheim, Urkunden und Beilagen zur
Geschichte Herzog Albrecht IV. 1459—1465, Leipzig 1865, 117—119,
Nr. XIX; 133—134, Nr. XXIV.

[2] Die Lehen sind aufgezählt bei Müller, Reichstagstheatrum unter Friedrich V., Jena 1713 ff., I. 537 ff. Eine weitere Aufzählung mit speciellem
Nachweise des Besitztitels der Wettiner (nach Allem für die Verhandlungen zu Eger, April 1459, gefertigt) fand ich im kgl. sächs. Haupt-
staatsarchive zu Dresden, Cop. 1317, fol. 267, 270.

[3] K. v. Weber, Archiv für die sächs. Geschichte X. 257. J. G. Droysen,
Geschichte der preuss. Politik, 2. Aufl., Leipzig 1869, II. 1. 84 ff. Vgl.
auch H. Knothe, Geschichte des Oberlausitzer Adels, Leipzig 1879, 422.
Hans von Polenz, der sich als tapferer Anhänger König Sigmunds während der ganzen Dauer der Husitenkämpfe um diesen so grosse Ver-
dienste erwarb, dass ihm die Vogtei der Niederlausitz auf eine Forderung
von 7800 Schock Gr. verpfändet ward, ist auch der glückliche Verthei-
diger Karlssteins gegen die belagernden Prager 1421. Vgl. zuletzt
W. W. Tomek, Johann Žižka, Prag 1882, 155 ff.

gewinnen. Und schon war damit begonnen, war in wieder-
holten Feldzügen Brüx den sächsischen Herzogen abgerungen
worden (1456), als die Erhebung des Gubernators auf den
plötzlich verwaisten Thron Böhmens derlei patriotischen Wün-
schen neue Gewähr lieh, die stolze Hoffnung erregte, nun sei
die Wiedereinbringung aller einst böhmischen Gebiete, die
brandenburgischen Marken nicht ausgenommen, nur eine Frage
der Zeit.[1] Und der König machte Miene dazu. Er begegnete
dem Versuche der Habsburger, in Mähren sich festzusetzen,[2]
mit einem verheerenden Kriegszuge,[3] er betonte in Landshut
mit aller Entschiedenheit seine Ansprüche an die oberpfälzi-
schen Städte und Schlösser,[4] und mit schwerer Sorge ver-
nahmen die sächsischen Brüder jede Kunde über Aufgebot
und Truppenansammlung in Böhmen, dessen Schaaren in Folge
ihrer feindlichen Haltung gegen den ‚Uffgeruckten‘ zu Prag
jeden Moment über das Grenzgebirge vorbrechen konnten.[5]

Es kam aber doch völlig anders. Nur zu gut erkannte
der neue Böhmenkönig, dass er bei Verfolgung jener Restau-
rationspolitik, wie sie der national-böhmische Standpunkt begehrte, in schwere Kämpfe mit den Wittelsbachern, Wettinern
und den mit diesen verbrüderten Hohenzollern verwickelt
werden müsse, ja nach Allem in einen Krieg gegen Alle zu
gleicher Zeit, da sie trotz der tiefen Spaltung zwischen Markgraf Albrecht von Ansbach und Herzog Ludwig von Nieder-
baiern auf dem Nürnberger Tage, im Herbst 1458, sich gegen
ihn verständigten.[6] Dagegen gingen des Königs Wünsche

---

[1] Urkundl. Beiträge in den Fontes rer. Austriac. XX. 151—152, Nr. 156.
Im Uebrigen vgl. man Palacky, Gesch. v. Böhmen, IV. 1. v. l. und mein
Buch ‚Ein Jahr böhm. Geschichte‘, Archiv f. österr. Gesch. LIV. (Wien
1876), 142.

[2] Fontes rer. Austriac. XX. 146—148, Nr. 152 a. a. O. Kürschner, Jobst
von Einsiedel und seine Correspondenz mit der Stadt Eger, 21, Nr. 7.
Archiv f. österr. Gesch. XXXIX (Wien 1867).

[3] Darüber zuletzt H. v. Zeissberg, Der österr. Erbfolgestreit nach dem
Tode des Königs Ladislaus Posthumus, Archiv f. österr. Gesch. LVIII.
1. Hälfte (Wien 1879), 147 ff.

[4] Vgl. v. Stockheim l. c.

[5] Urkunden und Actenstücke zur österr. Gesch. 1440—1471, Fontes rer.
Austriac. Abth. II. XLII (Wien 1879), 241—245, Nr. 171 und 172.

[6] Vgl. A. Kluckhohn, Ludwig der Reiche von Baiern-Landshut, Nördlingen
1865, 38—89; mein Buch ‚Böhmen und seine Nachbarländer 1458 bis
1461‘, Prag 1878, 26—27.

dahin, ebenso wie er sich in Böhmen völlig benahm als der
rechte Nachfolger der vorhergehenden luxemburgischen und
habsburgischen Könige, so auch im Reiche vergessen zu lassen,
dass er ein Emporkömmling sei, in freundliche Verständigung,
wo möglich in Familienverbindung mit den deutschen Fürsten-
häusern zu treten, den Frieden, den er seinem Reiche gegeben, auch fernerhin zu wahren. Darum denn seine Erbietungen an Albrecht von Brandenburg-Ansbach sogar noch vor
der Königskrönung zu Prag 1458,[1] sein Entgegenkommen auf
den Friedenstagen zu Eger (April 1459) und Taus-Pilsen
(September, October 1459), wo er sich mit den sächsischen
und brandenburgischen Fürsten, dann auch mit Ludwig von
Landshut völlig einigte. Freilich mussten dafür Opfer gebracht
werden. Die Ansprüche Böhmens auf die pfälzischen Lehen,
so besagte einer der Pilsener Verträge, sollten ebenso wie
anderseits eine Geldforderung Herzog Ludwigs ,ruhen beider
Fürsten Lebtage aus';[2] die 64 böhmischen Städte, Schlösser
und Herrschaften in Meissen und Thüringen, auch das wichtige Pirna blieben dem Hause Sachsen, wenn auch in der
Form, dass des Königs künftiger Eidam, des Kurfürsten zweiter
Sohn Albrecht, die gesammte Besitzmasse als böhmisches
Lehengut empfing;[3] und am selben Tage, an dem der König
in ,freundliche Einung' trat mit den Fürsten des Hohenzoller-
schen Hauses (25. April), erlangte Kurfürst Friedrich II. den
königlichen Bestätigungsbrief über den Pfandbesitz der Lausitzer Vogtei.[4] Das Uebergewicht, das in Folge dieser Friedens-
tage dem Könige rasch im Reiche zukam, liess ihn leicht den
Unwillen übersehen, der in Böhmen selbst hie und da sich
regte.[5]

Nur zu bald kam der König in die Lage, zu erproben,
wie weit er im Stande sei, in Kraft jener ,Einungen' die
deutschen Fürsten, vor Allen die Brandenburger, seiner Politik
dienstbar zu machen. Getragen von den ausserordentlichsten

---

[1] Fontes rer. Austriac. Abth. II. XLII. 223—224, Nr. 165. Bericht aus
  Ausbach vom 9. April 1458.
[2] v. Stockheim, Urkunden und Beilagen 131—132, Nr. XXIII.
[3] Darüber zuletzt in ,Böhmen und seine Nachbarländer 1458—1461', 45 ff.
[4] Vgl. darüber die nachfolgenden Ausführungen.
[5] Staří letopisové čeští in den Scriptor. rer. Bohemicarum ed. Pelzel, Do-
  browský III. (ed. Palacký, Prag 1829), 173.

Erfolgen stellte sich sein Ehrgeiz schon 1459 das höchste
Ziel: die Erwerbung der deutschen Krone. Mit der ganzen
Hartnäckigkeit des stets vom Glücke Begünstigten hält der
König fest an dem bedenklichen Plane. Wer den Kaiser ge-
nauer kannte, wusste, dass er dazu in Ewigkeit nie die Zustimmung geben würde; König Georg hat sie zweimal gesucht,
natürlich erfolglos. Dann verfolgte er die Absicht, sich wählen
zu lassen dem Kaiser zum Trotze; aber schon der erste der
Fürsten, an den er sich wandte, Markgraf Albrecht, konnte
sich nicht für die Erhebung des Böhmenkönigs erwärmen. Und
Albrechts Meinung war massgebend bei seinem Bruder, dem
Kurfürsten, wie bei Friedrich II. von Sachsen.[1] Da der König
trotzdem die Wahl mit aller Entschiedenheit betrieb, so blieb
ihm nichts übrig, als die Brandenburger doch noch umzu-
stimmen — das misslang endgiltig auf dem Egerer Fürstentage,
Lichtmess 1461, trotz allen Zuredens, aller Zusagen, des
drohenden Unwillens — oder sie zur Einwilligung zu zwingen.
Auch dazu war der König entschlossen: die eine der Handhaben bot des Markgrafen Stellung als Erbherr des zur Lausitz und damit zu Böhmen gehörigen Kottbus u. s. w., die
andere dessen Verhältniss zur Krone als Landvogt der Mark
selbst. Markgraf Albrecht aber zu beeinflussen, hatte sich der
König die Entscheidung in den gelegentlich der Rother Richtung zwischen dem Markgrafen und Herzog Ludwig von
Landshut (Juni 1460) unerledigt gebliebenen Streitpunkten
übertragen lassen; überhaupt musste den Markgrafen die
grosse Zahl feindlich gesinnter Nachbarn zu weitgehender
Rücksichtnahme für den Böhmenkönig nöthigen.

Schon zu Beginn 1460, als der König noch hoffte, die
Fürsten würden ihn mit Zustimmung des Kaisers wählen, ward
die Schraube wegen Kottbus angezogen. Von den Brandenburgern, deren Politik unstreitig die weitschauendste im Reiche
war, liess sich eben gegen das deutsch-böhmische Kaiserthum
am ehesten Widerspruch besorgen. Seitdem König Ladislaus
am 10. Januar 1454 den beiden Sternbergern Alscho auf
Petschau und Zdenko auf Konopischt, Oberstburggraf von
Prag, all' seine Gerechtsame auf Kottbus sammt Gebiet über-

---

[1] Dafür, sowie für das Nachfolgende die Belege in ,Böhmen und seine
Nachbarländer 1458—1461', v. l.

tragen hatte und damit das Recht, die eine Hälfte von Stadt
und Herrschaft, die Markgraf Friedrich von dem Besitzer
Rinald von Kottbus erkauft hatte, abzulösen, die andere
Hälfte aber nach dem Tode des jetzigen Herrn, Luthard von
Kottbus, als Erbe in Besitz zu nehmen und das Ganze als
böhmisches Lehen innezuhaben,[1] hatten die Sternberge ver-
geblich versucht, sich der Stadt zu bemächtigen. Es war dem
Markgrafen vielmehr gelungen, durch Kauf auch in den Besitz
der zweiten Hälfte der Herrschaft zu gelangen und nicht blos
die Bestätigung des Kaufes und die Belehnung mit Stadt und
Gebiet noch von König Ladislaw selbst zu erhalten, sondern
beides auch vom Könige Georg bekräftigt und wiederholt zu
sehen. Man wird den Widerspruch in dem Vorgehen König
Ladislaws mit dem ausdrücklichen Vorbehalte der begründeten
Ansprüche Anderer, also vor Allem der Sternberge, der in
der dem Markgrafen ertheilten Belehnung Ausdruck fand, ge-
löst finden. Dasselbe geschah offenbar auch in der Belehnungs-
urkunde, die König Georg ausstellte. Als demnach Zdenko
von Sternberg, natürlich im Einverständnisse mit dem Könige,
nun im Frühjahre 1460 die Sache neuerdings betrieb und bei
dem königlichen Lehengerichte klagbar wurde, trug König
Georg kein Bedenken, beiden Parteien einen Gerichtstag nach
Prag auf den 18. Mai 1460 anzusetzen; ,er wolle die Angelegenheit als Richter und Herr in allen Lehensachen, die das
Königreich und die dazu gehörenden Fürstenthümer betreffen,
entscheiden'.[2] Der Markgraf zeigte sich Anfangs im Vertrauen
auf die Freundschaft und die Einung mit dem Könige bereit,
sich auf die richterliche Entscheidung des Falles einzulassen.[3]
Nur traute er nicht der Entscheidung des Hoflehensgerichtes
zu Prag, da er wohl dessen Beeinflussung durch die mächtigen
Sternberge besorgte. Er erwiderte deshalb die Citation des

---

[1] Die Verleihung in Fontes rer. Austriac. XX. 71—73, Nr. 61. Vgl. auch
Palacky, Gesch. von Böhmen IV. 1. 351.

[2] Dieses Datum nach v. Gundling, Leben und Thaten Friedrich des Andern etc. 504 ff.; das Detail nach den Verhandlungen des Brüxer Tages
vom 11. Januar 1462, Ber. im Weimar. Ges.-Archiv, Reg. C, pag. 2,
Nr. 2, fol. 49—52.

[3] Nach den Verhandlungen des Brüxer Tages, 11. Januar 1461: Beschwerden und Forderungen des Böhmenkönigs. Weimar. Ges.-Archiv, Reg. C,
pag. 2, Nr. 2, fol. 46—48.

Königs mit einer Gesandtschaft, durch die er in Prag aus-
einandersetzen liess, dass er gerne im Streit um Kottbus zu
Recht bereit sei, dass man aber nach dem alten löblichen
Herkommen der Lausitz, als eines besonderen Fürstenthumes
der Krone Böhmen, das ,auch selbst mit Recht und Gericht
versorgt sei', in Allem, was Lehen und Erbe betreffe, und
daher auch in der Kottbuser Sache die Entscheidung vor den
Prälaten, Herren, Mannen und Städten der Mark suchen
müsse; schon sei er durch die Stände des Landes ersucht
worden, dafür zu sorgen, dass auch bezüglich Kottbus' die
Gerechtsame der Markgrafschaft gewahrt würden.[1]

So wenig der König nun gesonnen war, deswegen die
Entscheidung des Falles aus der Hand zu geben, so erachtete
er es doch, entsprechend seiner zuwartenden Politik im Sommer
1460, für angemessen, zunächst die Competenzfrage von dem
Hoflehensgerichte entscheiden zu lassen. Inzwischen fand die
Sachlage im Reiche bald ihre Klärung. Der König überzeugte
sich im Herbste 1460, dass der Kaiser nicht zu gewinnen sei.
Nun noch mehr auf die Unterstützung der Fürsten angewiesen,
wendete er den Hohenzollern gegenüber eine Politik an, die
ihm, dem alterfahrenen Parteiführer, auch sonst geläufig war:
dem Concurrenten die ganze Fülle seiner Machtmittel drohend
zu zeigen, um dann mit freundlichem Entgegenkommen ihn
um so sicherer zu gewinnen. So blieb jetzt nicht blos die
Sache betreffs Kottbus in der Schwebe, sondern ward auch
die Einlösung der verpfändeten Vogtei selbst angekündigt;
dann wurden auch Beschwerden wegen Verletzung des Glogauer Ducates erhoben[2] und anderseits vermöge der wach-
senden Intimität des Königs mit Ludwig von Baiern, die zu
dessen langdauerndem Besuche in Prag (September, October)
führte,[3] auf Markgraf Albrecht der stärkste Druck ausgeübt.
Dann gab der König plötzlich nach. Am 22. September schob
er die Einlösung der Lausitz auf einen späteren Termin, da
,ihm itzund Sachen, daran ihm gar viel gelegen, angestossen
seien', und bot bei Markgraf Albrechts Anwesenheit zu Prag

---

[1] Nach den Verhandlungen des Brüxer Tages vom 11. Jannar 1461: Ent-
gegnung der brandenburgischen Gesandten. l. c. fol. 50.
[2] Fontes rer. Austriac. XX. 230—231, Nr. 224.
[3] Vgl. ,Böhmen und seine Nachbarländer', 217 ff.

(Martini 1460)[1] und, wie bemerkt, nochmals während des
Fürstentages zu Eger Alles auf, die Brandenburger auf seine
Seite zu ziehen.[2] Die Folge ihres Widerstrebens war, dass
nun auch die übrigen Kurfürsten, so weit sie überhaupt ein
Interesse für die Wahl des Böhmenkönigs besessen hatten,
diese auf dem nachfolgenden Fürstentage zu Nürnberg gleichfalls fallen liessen.[3]

Nicht blos der Böhmenkönig und seine Räthe, sondern
auch die grosse Menge erfuhr, wer das Haupthinderniss einer
neuen römischen Königswahl gewesen sei. ‚Es geht eine ge-
meine Rede,‘ meldet ein weimarischer Kaufmann aus Schlesien,
‚dass der König von Böhmen nicht Römischer König geworden
sei, das habe ein Mann geweret, nämlich Markgraf Friedrich.‘
Und zutreffend war auch, was der biedere Weimarer weiter
zu melden wusste; dass der König ‚auf den Markgrafen ziehen‘
wolle,[4] entsprach völlig des Königs Neigung.

Es bezeichnet eine der Schwächen in der Politik König
Georgs von Böhmen, dass er, von Haus aus eine leidenschaft-
liche Natur, auch den raschen und heftigen Wallungen seines
Innern Einfluss gestattete auf die Art seines königlichen
Waltens. So war er denn auch jetzt entschlossen, die Markgrafen das Maass seines Zornes fühlen zu lassen. Man kannte
auch den König. Voll banger Sorge erwartete Kurfürst Friedrich einen Angriff des Podiebrad auf die Marken mit der
ganzen überlegenen Macht seines Reiches, warb er bei den
sächsischen Brüdern[5] wie bei dem Kaiser um Hilfe;[6] hatten
doch schon in Nürnberg, unmittelbar nachdem des Königs
Werbung von den Kurfürsten aufgeschoben, d. i. aufgegeben
worden war, die böhmischen Gesandten ihrer Erbitterung
gegen die Brandenburger in schweren Drohungen Luft gemacht

[1] Ebendort, 246 ff.
[2] Ebendort, 263 ff.
[3] Ebendort, 272 ff.
[4] Bericht der ‚Anwälte‘ Herzog Wilhelms von Sachsen an den auf der
Reise nach Palästina abwesenden Herzog. Weimar. Ges.-Archiv, Reg. A,
pag. 26a, Nr. 60, fol. 71—74.
[5] Vgl. Menzel, Diether von Isenburg, Erzbischof von Mainz, Erlangen
1868, 121; die hier erwähnten Materialien des kgl. sächs. Hauptstaats-
archivs lagen auch mir vor.
[6] Kaiserliches Buch des Markgrafen Albrecht Achilles, ed. C. Höfler, Bay-
reuth 1850, 78—85.

und deren Geleite für die Rückreise verschmäht.[1] Aber ohne
Weiteres den Rachekrieg zu unternehmen, ward dem Könige
doch unmöglich. Die Aufregung, die sein Versuch, die kirch-
liche Union Böhmens vorzubereiten und damit an die Aus-
führung seiner Krönungszusagen an Rom zu gehen, in Böhmen
hervorrief, die feierliche Gutheissung der Compactaten, zu der
er sich im Gegensatze zu jenem Versuche verstehen musste
(15. Mai 1461),[2] nahmen zunächst seine ganze Thätigkeit in
Anspruch. Mit der Gewährleistung der Compactaten trat der
König in einen Gegensatz zu Rom, der früher oder später,
sicherlich aber schon gelegentlich der in Rom längst erwar-
teten Obedienzgesandtschaft des Königs, offenbar werden
musste. Da ein Streit mit dem römischen Stuhle aber gerade
für ihn nach seinen früheren Verpflichtungen und bei den
eigenartigen kirchlichen Verhältnissen in Böhmen schwere Ge-
fahren barg, so ward es jetzt die erste und massgebende
Aufgabe der königlichen Politik, sich mächtiger Freunde und
Helfer gerade bei der Curie zu versichern. König Georg hat
dies sehr wohl erkannt; sein Verhalten Kaiser Friedrich gegenüber, seine wiederholte Intervention in Oesterreich für denselben, die doch so sehr wenig dem entsprach, was man eben
noch allgemein von dem Könige gesagt hatte, bieten dafür
des Beweises genug. Weniger Rücksicht legte er sich den
Brandenburgern gegenüber auf, obwohl bei deren neuerdings
sehr innigen Beziehungen zu Papst und Kaiser die Klugheit
dies doppelt gebot.[3] Freilich übte der König dabei nicht blos
Vergeltung; es zeigte sich nebenher zugleich die günstige Gelegenheit, ein zu der Krone gehöriges, aber bereits fast ent-
fremdetes Fürstenthum wieder unmittelbar mit derselben zu
vereinigen und überdies mit dem in langer Linie an das Gebiet der sächsischen Herzoge stossenden Lande einen seiner
Söhne auszustatten.[4]

   So trat denn der König im Hochsommer 1461 in eine
in mehr als einer Hinsicht bedenkliche Action ein. Während

----

[1] Böhmen und seine Nachbarländer 1458—1461, 278.
[2] Ebendort, 301 ff. Palacky, Gesch. von Böhmen IV. 2. 185 ff.
[3] Darüber gedenke ich mich in einer demnächst erscheinenden zusammen-
fassenden Bearbeitung der Geschichte jener Tage des Weiteren auszusprechen.
[4] Wird sich aus den weiter unten skizzirten Verhandlungen ergeben.

seine Räthe zwischen Erzherzog Albrecht und dem Kaiser
vor Wien verhandelten und den Waffenstillstand vom 6. September 1461 zu Wege brachten,[1] während er sich vom Kaiser
die Beilegung der Fehde mit Herzog Ludwig von Baiern übertragen liess,[2] trat er gegen dessen Feldhauptmann im Reiche,
Markgraf Albrecht von Brandenburg, in der feindseligsten
Weise hervor. Ein Ausschreiben des Markgrafen, in dem er,
wie anderswo im Reiche, so auch in des Königs Landen
mahnte, ihm als des Reichshauptes obersten Feldherrn gegen
die Reichsfeinde Zuzug zu leisten, bot den erwünschten Vorwand. Dies als einen Eingriff in seine königlichen Rechte
erklärend, sagte der König am 1. September dem Markgrafen
ab und setzte alsbald eine bedeutende Söldnermacht gegen
ihn in Bewegung.[3] Zugleich erging ein allgemeines Aufgebot
durch die böhmischen Lande, Jeder sollte sich bereit halten,
auf den neuerlichen Ruf des Königs diesem zuzuziehen.[4] So
gering dazu auch die Lust, vor Allem in Schlesien, sein
mochte, der König durfte, nachdem er soeben durch die Ver-
jagung des unbotmässigen Herzogs Balthasar von Sagan bewiesen, wie energisch er sein Ansehen gegen fürstlichen Trotz
zu wahren wisse (August 1461), hoffen, dass sein Ruf allenthalben Gehorsam finden werde.[5]

Aber der König hatte auch an die Vasallen der Krone
im Reiche den Befehl ergehen lassen, ‚auf zu sein‘, ihm nach
ihrer Lehenspflicht zu helfen; er kam damit zweien derselben
sehr unbequem, seinem Schwiegersohne, Herzog Albrecht von

[1] Der Vortrag gedruckt an mehreren Orten, z. B. bei F. Kurz, Oesterreich
unter Kaiser Friedrich IV., Wien 1812, II. 224—227; bei J. J. Müller,
Reichstagstheatrum unter Friedrich V.; bei Du Mont, Corps diplom. u. A.

[2] Vgl. a. A. Fontes rer. Austriac. XX, 248—249, Nr. 247, sowie die verschiedenen Ausschreiben des Königs an die Reichsstädte, in denen er
mahnt, dem Markgrafen nun keine Hilfe gegen Herzog Ludwig zu thun.
Kluckhohn, Herzog Ludwig der Reiche, Excurs VIII, 372—373.

[3] Kluckhohn 194 ff. a. A.

[4] Nach dem Berichte der Statthalter Herzog Wilhelms von Sachsen an
diesen, Weimar. Ges.-Archiv, l. c.

[5] Vgl. a. a. O. Eschenloer, Geschichten der Stadt Breslau. Herausgegeben
von Kunisch, Breslau 1817—1827, I. 176. Markgraf, Ueber das Verhältniss des Königs Georg von Böhmen zu Papst Pius II. 1458—1462,
Breslau 1867, 24.

Sachsen, der dadurch gehindert werden sollte, Markgraf Albrecht Hilfe zu thun,[1] und Markgraf Friedrich von Brandenburg, dem Vogte der Lausitz. Wie konnte der Markgraf dem Könige zuziehen gegen den eigenen Bruder, der ohnehin ,im Bad sass bis über die Ohren?'[2] Er rüstete eben mit aller Macht, um das Gegentheil zu thun.

Rasch genug ward offenbar, dass der König den geeigneten Vorwand suche, um auch mit dem Kurfürsten in den unteren Landen anzubinden. Zu dem Aufgebotsbriefe gesellten sich bald andere Schreiben des Königs mit Klagen, dass der Markgraf den flüchtigen Balthasar von Sagan, des Königs trotzigen Gegner, gegen die Egerer Einung ,hause und hofe', Briefe mit neuer Beschwerde wegen widerrechtlicher Verschiebung der Grenze zwischen der Mark und dem Herzogthume Glogau. Zugleich gewann endlich der Streit um Kottbus einen besseren Zug. Am Hoflehensgerichte war — wir wissen nicht, zu welcher Zeit, aber es geschah nach Allem im Spätherbste 1460 oder in den ersten Wochen 1461 — ein Spruch gefällt worden, eine sogenannte Interlocution, womit der Markgraf wohl zufrieden sein konnte; könne er das angeführte Herkommen der Mark Lausitz in entsprechender Weise dem Hoflehensgerichte glaublich machen, so sollte die Sache an die gebührliche Stätte gewiesen werden. Dazu hatte sich der Markgraf denn auch erboten und zugleich, da er an der Wahrhaftigkeit seiner Ansprüche nicht zweifelte und als Kurfürst selbst keine Lehen von einem anderen Fürsten des Reiches empfangen konnte, den Grafen von Barby zur Entgegennahme der Belehnung mit Kottbus und seinem sonstigen Erbbesitze in der Mark bestimmt.[3] Dann ruhte die Angelegenheit aber wieder lange Zeit, so lange, bis der König, wie es scheint, sich über die den Brandenburgern gegenüber 1461 einzuschlagende Politik klar geworden war; als Alles im August zum Kriege neigte, da nahm er den Streit um Kottbus auf. Auf den 29. September 1461 beschied er die Parteien neuer-

---

[1] Bericht der Statthalter Herzog Wilhelms, l. c. fol. 88.

[2] Sein Brief an Graf Ulrich von Wirtemberg, ddo. 22. September 1461, bei v. Stockheim, Urkunden und Beilagen 404—406, Nr. LXXVII d.

[3] Nach den erwähnten Verhandlungen des ersten Brüxer Tages vom 11. Januar 1462.

dings für sein Hoflehensgericht.[1] Doch das war noch nicht
Alles. Den schwersten Streich versetzte der König dem Hohenzoller, indem er nun wirklich mit der Einlösung der Mark
Lausitz Ernst machte. Um in dem Streite des Königs mit
Markgraf Albrecht zu vermitteln, weilten im Laufe des September Gesandte des sächsischen Kurfürsten, wie auf Markgraf Albrechts Bitte Boten der Stadt Eger in Prag.[2] An den
Egerer Hauptmann Paul Rudusch, einen regen, geschäfts-
kundigen Mann, wandte sich der König mit dem Ersuchen,
eine Botschaft an den bereits nach Franken seinem Bruder
zu Hilfe gezogenen Markgrafen zu bringen, dem natürlich ent-
sprochen ward. Eben der Zug des Markgrafen nach dem Culm-
bachischen hatte, wie es scheint, den König bewogen, die
Lausitzer Sache unverweilt in die Hand zu nehmen. Der
König war bereits, so meldet der Bischof von Breslau nach
Hause, entschlossen, Kurfürst Friedrich abzusagen, sobald er
die mit ihm verbündeten Bischöfe von Bamberg und Würzburg angreife.[3] Die Botschaft, die Paul Rudusch mit Herrn
Otto von Sparneck, ebenso wie Rudusch, Hauptmann im Dienste
der Egerer, um die Mitte des October in Culmbach an den
Markgrafen überbrachte, war die Einleitung dazu, wenn sie
auch noch friedliche Verständigung vorauszusetzen schien:
‚Der König sei gewillt, die Lausitz einzulösen; der Markgraf
werde am 28. October zu Luckau böhmische Räthe finden,
bereit, ihm gegen Auslieferung der auf die Lausitzer Vogtei
bezüglichen Verschreibungen, die er in Händen habe, die
Pfandsumme von 7800 Schock Groschen auszurichten.‘[4] Der
Markgraf machte gute Miene zum bösen Spiel; er erklärte,
falls er sein Geld bekomme, gerne das Land herausgeben zu
wollen. Aber schon nach wenigen Tagen erhielt er neue,
schlimmere Botschaft aus Böhmen.

Am 29. September hatte die Sitzung des Hoflehenge-
richtes zu Prag stattgefunden; auch der Markgraf hatte den

---

[1] A. a. O. Palacky, Gesch. v. Böhmen IV. 2. 194 195. Das Datum nach dem
Briefe des Breslauer Bischofs Jobst von Rosenberg vom 5. October 1461.
[2] Fontes rer. Austriac. XLII. 328, Nr. 242.
[3] Der erwähnte Brief des Bischofs an die Breslauer im Breslauer Stadt-
archiv, MMM 8.
[4] Nach des Markgrafen Brief an den König vom 15. November 1461 im
Weimar. Ges.-Archiv, Reg. C, pag. 1, Nr. 2, fol. 17—18.

Tag von einem seiner rechtskundigen Räthe, Meister Sigmund,
besuchen lassen: zugleich waren auf seine Veranlassung meh-
rere aus der Lausitz anwesend, um für das Herkommen ihres
Landes Zeugniss zu geben. Aber es kam anders. Der König
liess die Berathung nicht so sehr über die Frage aufnehmen,
ob sein Lehengericht oder die Gerichte der Lausitzer Mark
competent seien, als direct darüber, ob die Ansprüche der
Hohenzollern oder der Sternberge auf das Kottbuser Gebiet
begründeter wären. Die Erklärung Meister Sigmunds, dass er
für eine solche Verhandlung keinerlei Vollmacht habe, ward
nicht beachtet, ebenso wenig sein Protest, als das Hoflehen-
gericht für die Sternberge entschied und ihnen den recht-
mässigen Besitz von Stadt, Burg und Herrschaft Kottbus zu-
sprach. Der König anerkannte den Spruch des Gerichtes,
indem er nun ohne Zögern den Sternbergen die ordnungs-
mässige Belehnung mit Kottbus ertheilte.[1] Zdenko von Sternberg aber ging ebenso unverweilt daran, mit eigenen und
seiner Freunde Mitteln, ganz offenbar wohl auch vom Könige
sofort unterstützt, zur gewaltsamen Einbringung des Lehens
ein Heer zu rüsten und damit nach der Lausitz zu ziehen.
So stand der Krieg in den Lausitzen vor der Thür, auch ehe
noch der Böhmenkönig selbst den Streit angehoben hatte.
Aber mit Recht besorgte der Markgraf auch dies. Als ihm
daher, es war um den 20. October, von dem Zuge des Sternberg nach der Lausitz Kunde ward, ordnete er rasch die
Dinge in Franken, schloss am 20. zu Zwernitz einen Präli-
minarvertrag mit Bischof Georg von Bamberg, wobei im
Namen des Kaisers der bambergische Viccdom zu Wolfsberg
(in Kärnten), Claus von Gich, intervenirte,[2] und machte sich
unverweilt auf den Weg nach Norden. Er hatte nicht unter-
lassen, noch von Zwernitz aus dem Herzoge Wilhelm von
Sachsen mit der Kunde von dem unerwartet Geschehenen die
Ermächtigung, bei den von Sternberg in seinem Namen sich
zu Recht zu erbieten, sowie die Bitte um Hilfe zugehen zu

---

[1] Nach den Angaben der Parteien während der verschiedenen nachfolgenden Vermittlungsversuche zu Prag und Brüx. Die Berichte im Weimar.
Ges.-Archiv, Reg. C, pag. 1, Nr. 2.

[2] Die Urkunde siehe bei v. Stockheim, Urkunden und Beilagen 440,
Nr. LXXXIII a.

lassen;[1] den sächsischen Kurfürsten aber besuchte der Markgraf auf dem Heimritte in die Marken persönlich zu Zeitz (ca. 21. oder 22. October), ihm die dringende Bitte um Beistand vorzutragen.[2] In Dahme, zwei Meilen westlich von Luckau, wartete dann der Markgraf den Ausgang des Handels am 28. October in Luckau ab, wozu er seine Räthe mit genügender Vollmacht geschickt hatte.[3] Aber die Sache verlief keineswegs ganz ordnungsgemäss. So viel sich aus den Meldungen aus beiden Lagern erkennen lässt, Angaben, die sich in keiner Weise völlig vereinigen lassen, waren zwar die Markgräflichen bereit, mit den Urkunden zugleich auch die bisher von ihrem Herrn geführten Gerechtsame in der Mark in die Hände der böhmischen Räthe zu legen, letztere aber keineswegs beauftragt, dafür auch sofort die bestimmte Pfandsumme zu erlegen. Sie erhoben vielmehr, wie es scheint, mehrfache Ersatzansprüche des Königs an den Markgrafen, deren Betrag sie sofort von der Pfandsumme in Abschlag bringen wollten; wir erkennen nur so viel, dass der König erklären liess, der Markgraf habe über seine Vogteigebühren hinaus die Mark besteuert. Auf einen solchen Handel glaubten wieder des Markgrafen Räthe, vielleicht mit der Zustimmung ihres Herrn, die sich leicht einholen liess, nicht eingehen zu sollen. Schon sei, so bemerkten sie, der von Sternberg auf dem Wege, mit Gewalt und auf Grund eines Richterspruches, den der Markgraf nicht anerkenne, sich des streitigen Kottbus zu bemächtigen. Der Markgraf werde sich trotzdem nicht ohne Weiteres aus der Mark weisen lassen, wie man es in Luckau versuchte; die Pfandsumme müsse unverkürzt erlegt werden; sei der Kurfürst in irgend einer Weise der Krone darüber etwas pflichtig, so wolle er gerne darüber erkennen lassen, ja er wolle dafür selbst Bürgen stellen. Auch dies ward abgeschlagen: so ging man unverrichteter Sache aus-

---

[1] Brief des Markgrafen an Herzog Wilhelm im Weimar. Ges.-Archiv, Reg. C, pag. 1, Nr. 2.

[2] Nach dem Schreiben Kurfürst Friedrichs von Sachsen an seinen Bruder Herzog Wilhelm vom 31 October. Weimar. Ges.-Archiv, Reg. C, pag. 1, Nr. 2, fol. 32.

[3] Nach seinem Schreiben an den König vom 15. November, l. c. Das Nachfolgende über die Verhandlungen nach den Angaben der Parteien auf den beiden Brüxer Tagen.

einander.[1] Ohnehin waren die Würfel zum Kriege zwischen
Böhmen und Markgraf Friedrich bereits gefallen, ganz ohne
Rücksicht auf die in Aussicht stehenden Verhandlungen zu
Luckau. Am 30. October erhielt der Markgraf, der noch selbst
nach Luckau geeilt war, um die dort anwesenden Lausitzer
Stände zu ermahnen, treu bei ihm auszuharren,[2] in Dahme
den Fehdebrief des Böhmenkönigs durch seine Räthe zuge-
mittelt,[3] der am 13. October in Prag gegeben war.[4]

Die Verhältnisse hatten eben neuerdings keine unwesent-
liche Wandlung erfahren. Der Kaiser hatte, über des Königs
Verhalten dem Markgrafen Albrecht gegenüber mit Recht er-
bittert, den König durch seinen eben in Graz anwesenden
Secretär und Vertrauten, Jobst von Einsiedel, sowie durch
Schreiben auf das Ernstlichste zur Rede gestellt.[5] Der König
merkte wohl, dass, falls er im Einverständnisse mit dem
Kaiser bleiben wolle, was er doch mit Rücksicht auf die
kirchlichen Fragen so sehr wünschte, ein weiteres Eingreifen
in den Reichskrieg in Franken seinerseits unterbleiben müsse.
Aber ebenso sehr entschlossen, die Brandenburger weiter zu
bedrängen, bis sie den Frieden als Geschenk aus seiner Hand
annehmen würden, als vor Allem die Mark Lausitz der Krone
und seinem Hause zu gewinnen, ging er in dem Momente, in
welchem er den böhmischen Truppen den Rückzug aus Franken
gebot, daran, den Krieg in den Marken zu entzünden und mit
einem königlichen Aufgebote dem Heere Zdenkos von Sternberg mächtige Unterstützung zuzuführen. Darum der Fehdebrief vom 13. October. Die Ursachen, derentwegen sich König
Georg da zur Absage genöthigt erklärte, waren im Wesentlichen die uns bekannten: die Klage über die Verletzung der

---

[1] Bericht über die Verhandlungen des Brüxer Tages vom 11. Januar 1462,
l. c. fol. 51.

[2] Brief des Markgrafen an die Stände der Lausitz, Dahme, am 30. October.
Weimar. Ges.-Archiv, l. c. fol. 13—14. Vgl. auch Fontes rer. Austriac.
XX. 257, Nr. 261.

[3] Ebendort.

[4] Bei v. Stockheim, Urkunden und Beilagen 429—431, Nr. LXXX. Vgl.
Fontes rer. Austriac. XX. 253, Nr. 251.

[5] v. Stockheim, Urkunden und Beilagen 432—439, Nr. LXXXI—LXXXIII.
Briefe des Kaisers vom 26. und 29. September, der Kaiserin vom 5. October. Vgl. auch Fontes rer. Austriac. XX. 253—254, Nr. 255, XLII.
330—331, Nr. 211.

Glogauischen Grenze, den früheren Abmachungen darüber zum
Trotze, die Aufnahme des flüchtigen Saganer Herzogs, die
Kottbuser Streitsache, wobei besonders hervorgehoben ward,
wie Meister Sigmund den darüber ergangenen richterlichen
Spruch ‚kraft einer vermeintlichen Gewalt freventlich angefochten habe‘. Es war der Ausdruck schweren Unmuthes darüber, dass der Markgraf hatte erklären lassen, nicht vom
Könige, als einem Mitkurfürsten des Reiches, sondern allein
vom Kaiser könne er in solcher Sache Recht annehmen. Zugleich mit dem Könige sandten auch die Sternberge und zahl-
reiche andere böhmische Herren dem Markgrafen ihre Fehde-
briefe [1] und ward in Schlesien den Reichsstädten und der
oberen Lausitz überhaupt geboten, dem Belagerungsheere vor
Kottbus zuzuziehen.[2] Zdenko von Sternberg wurde jetzt zum
obersten Hauptmann des gesammten Heeres bestellt.[3] Ein
weiteres Schreiben des Königs mahnte die Stände der Niederlausitz, entsprechend ihrer Pflicht gegen die Krone Böhmen,
dem Markgrafen nicht weiter zu gehorchen. [4] Dessen Lage
war keine sehr tröstliche. Zwar war er im eigenen Lande
wohl in Rüstung, er selbst hatte ja soeben mit 1200
Pferden den Ritt nach dem Fränkischen hinauf gethan, er
hatte auch noch den Herzog Heinrich von Braunschweig bei
sich, der ihm mit etwa 300—400 Reisigen auf dem Zuge zur
Seite gewesen war. [5] Aber das war auch Alles. Wie konnte
er damit der weit überlegenen Macht des Böhmenkönigs die
Spitze bieten, wenn dieser, wie sehr bald die Rede ging,
selbst in die Marken kam! Denn dass, wie noch unlängst ver-
lautet hatte, das Aufgebot des Königs in Schlesien keinen

---

[1] Meldung des Markgrafen an die Lausitzer vom 30. October. Manusc.
Sternbergense, fol. 97 b.

[2] Vgl. P. Eschenloer, Gesch. der Stadt Breslau I. 175. In dem Heere der
Belagerer befindet sich neben anderen böhmischen Herren auch Johann
von Wartenberg, Vogt der Oberlausitz. Palacky, Gesch. von Böhmen
IV. 2. 195, Anm. 137. Die Theilnahme der Schlesier erhellt aus v. Stockheim, Urkunden und Beilagen 502, Nr. CII a. a. O.

[3] Palacky, Gesch. von Böhmen IV. 2. 195.

[4] Darauf berufen sich die Niederlausitzer ausdrücklich in ihrem Aufsage-
briefe an den Brandenburger Kurfürsten; s. u. — Eines Belobungsschreibens
des Königs vom 15. November für die Luckauer thut Palacky, Gesch.
von Böhmen l. c. Erwähnung.

[5] Fontes rer. Austriac. XLII. 327—328, Nr. 241 a. a. O.

Gehorsam finden würde,[1] davon war doch durchaus nichts zu erwarten; Alle leisteten willig das Verlangte; dagegen war es durchaus unmöglich, dass dem Markgrafen irgend welche Hilfe aus den oberen Hauslanden werde. Doch der Kurfürst, in dieser schweren Zeit so recht seines Bruders Albrecht würdig, verzagte nicht. Zunächst wandte er sich, wie vordem schon mündlich, an die Stände der Niederlausitz selbst. In weitläufiger Auseinandersetzung wies er den Ursprung der Fehde mit Böhmen nach; er zeigte, wie sehr ihm Unrecht geschehe; er erwarte deshalb, dass sie nach ihrer Pflicht ihm Beistand leisten würden.[2]

Die Lausitzer, derart von zwei Seiten gedrängt, beschlossen, auf einem allgemeinen Ständetage der Mark zu Luckau gemeinsam über ihr Verhalten schlüssig zu werden.

Dann wandte Kurfürst Friedrich sein Hauptaugenmerk darauf, von den sächsischen Brüdern möglichst ausgiebige Hilfe zu erlangen, wie sie solche im Allgemeinen ja bereits zugesagt hatten. Er stellte daher an Herzog Friedrich II. das Ansuchen: 1. ihm seine Trabanten und Reisigen unverweilt zuzuschicken; er wolle dafür sorgen, dass sie nicht im Felde verwendet würden, sondern sie blos zur Bewachung seiner Städte und Schlösser gebrauchen, wodurch er die Seinen für die Bestreitung des Feindes frei erhalte; bei solcher Art und Weise werde auch der Böhmenkönig sich nicht beklagen können. 2. Es solle, um die Feinde zu schrecken, ein allgemeines Aufgebot durch die sächsischen Lande ergehen. 3. Der Kurfürst solle nicht säumen, so wie dies schon in Zeitz bezüglich des von Sternberg beschlossen worden sei, so nun auch an den König eine Gesandtschaft abzuordnen, die diesen der Bereitwilligkeit des Markgrafen, den Streit auf friedlichem Wege beizulegen, vergewissern sollte.[3]

Wieder begegneten sich Mine und Gegenmine. Der Böhmenkönig hatte an dem Kriege in Franken erkannt, auf welcher Seite die Sympathien der sächsischen Herzoge standen. Statt

---

[1] Bericht der Statthalter Herzog Wilhelms von Sachsen an diesen, Weimar. Ges.-Archiv l. c. fol. 72—73.

[2] Brief vom 30. October im Weimar. Ges.-Archiv, Reg. C. pag. 1. Nr. 2, fol. 13—14.

[3] Nach der Meldung des Kurfürsten an seinen Bruder Herzog Wilhelm vom 31. October. Weimar. Ges.-Archiv l. c. fol. 32.

seiner Mahnung, Hilfe gegen den Markgrafen zu thun, zu entsprechen, hatte Herzog Friedrich erst sich zur Vermittlung
erboten,[1] dann aber dem Würzburger Bischofe, des Königs
altem Freunde, abgesagt.[2] Der König war entschlossen, einer
Parteinahme der sächsischen Fürsten für Kurfürst Friedrich
in der Lausitzer Fehde auf das Entschiedenste entgegenzu-
treten. Am 16. October richtete er im Wesentlichen gleichlautende, sehr umfangreiche Schreiben an die Herzoge, gab
darin zunächst Nachricht von der Fehdeansage, die er Markgraf Friedrich gethan und deren Ursachen, wandte sich aber
dann sehr entschieden an die Adresse der sächsischen Fürsten
selbst. Zufolge der Einung, die er mit ihnen 1459 zu Eger
abgeschlossen habe, seien sie verpflichtet, Hilfe und Beistand
zu leisten, so wie Jemand die Rechte der böhmischen Krone
irgendwie verletze. Da dies nun durch den Markgrafen ganz
unzweifelhaft geschehen sei, so ermahne er sie, diesem keinerlei
Vorschub zu leisten, noch den Ihrigen dies zu gestatten,
sondern vielmehr ihm zu helfen und mit Macht zuzuziehen
binnen der Zeit und in der Weise, wie sie dies nach der
Einung schuldig seien. Sollten sie aber dies nicht gemeint
sein, so bestimme er ihnen hiemit einen Tag nach Eger auf
Montag vor Simonis und Judä (26. October), wo ihre Räthe
nach Vorschrift der Einung darüber entscheiden sollten. Wären
sie auch dazu nicht geneigt, was er aber nicht hoffe, so erbiete er sich darüber zu Recht vor einem der Kurfürsten
Friedrich von der Pfalz oder Diether von Mainz, oder vor
einem der Fürsten Peter, Cardinalbischof zu Augsburg, Sigmund, Erzbischof zu Salzburg, Georg zu Bamberg oder Johann
zu Würzburg, Bischöfen, vor Albrecht und Sigmund, Erz-
herzogen von Oesterreich, Ludwig, Otto, Johann, Sigmund,
Herzogen zu Baiern, Eberhard Graf von Wirtemberg, oder
vor einer der Reichsstädte Regensburg, Augsburg, Nürnberg,
Frankfurt, Ulm, Nördlingen, wobei es natürlich sei, dass sie

---

[1] Fontes rer. Austriac. XLII. 328—329, Nr. 212—243.
[2] Droysen, Gesch. der preuss. Politik II. 1. Abth. 185. Dass die sächsischen
Herzoge (soll heissen Kurfürst Friedrich und seine Söhne, da Sachsen-
Thüringen neutral blieb) auch dem Bamberger Bischofe abgesagt hätten,
finde ich nirgends. Nur mit Würzburg kam es auch in Prag am 7. December zur Richtung. Vgl. Müller, Reichstagstheatrum unter Friedrich V.
II. 92. 91, a. a. O.

vor Entscheidung der Sache Niemandem helfen dürften, da
,wo das Recht eingehet und anfangt, die That ausgehen und
aufhören soll'. Würden sie endlich dies Alles verachten und
ihm abschlagen, dann gäben sie ihm billig Ursache, an allen
Enden über sie Klage zu erheben und mit der eigenen Macht
und der Hilfe seiner Freunde Wege zu suchen, aus denen
ihnen klar werden sollte, er finde sich von ihnen beschwert.[1]
Es hält nicht schwer, hiebei des Königs Endabsicht zu
erkennen. Man wusste am Prager Königshofe offenbar gut
genug, dass gerade in der mehrerwähnten Einung ausdrücklich
seitens der sächsischen Herzoge ihre Verbrüderung mit den
Häusern Brandenburg und Hessen ausgenommen worden war,
dass Sachsen anderseits verpflichtet sei, dem Markgrafen
beizustehen. Der König konnte daher auch vom Anfange an
nicht hoffen, Sachsen in diesem Kriege auf seiner Seite zu
sehen und schliesslich sein Ansinnen an die Herzoge durchzusetzen. Seine Absicht liegt vielmehr in der Forderung enthalten, die Brüder möchten vorerst neutral bleiben, bis die
Sache ausgetragen sei; zugleich wollte er sie, wie Herzog
Wilhelm sich zutreffend ausdrückte, ,in derart weitläuftige
Rechtgebote verstricken', dass nach Allem der Krieg um die
Mark vor deren Entscheidung lange zu Ende war.

Gerade weil die Unrechtmässigkeit des königlichen Ver-
langens so klar lag, waren die sächsischen Herzoge nicht
wenig beunruhigt. Es kam dazu, dass ihnen des Königs Briefe
viel zu spät, erst am 22. und 23. October, behändigt worden
waren, als dass sie hätten Boten nach Eger schicken können.
Wir finden deshalb am 27. October die Brüder zu persönlicher
Beredung dessen, was zu thun sei, in Zeitz bei einander. Man
beschloss zunächst, auf des Königs Schreiben keine Antwort
zu thun, dagegen in einem sehr freundlich gehaltenen Briefe
sich des Egerer Tages wegen zu entschuldigen, die Absicht
anzukündigen, eine gemeinsame Gesandtschaft an den König
zu fertigen, welcher der König binnen vierzehn Tagen einen
Termin zu gütlicher Verhörung bestimmen möge, dann aber
auch — so hatte Herzog Friedrich am 21. in Zeitz dem

---

[1] Das Schreiben an Kurfürst Friedrich gedruckt bei v. Stockheim, Urkunden und Beilagen 411—445, Nr. LXXXIV; jenes an Herzog Wilhelm
im kgl. Hauptstaatsarchiv zu Dresden, Cop. 17, fol. 94—98.

Markgrafen versprochen — um die Rückberufung des von Sternberg zu ersuchen.[1]

So sah der König seine Absicht rasch erreicht. Während daher der Markgraf auf sein dringendes Hilfegesuch am 31. October von Friedrich II. mit dem Bescheide abgefertigt wurde, es sei bezüglich der Gesandtschaft an den König bereits das Nöthige eingeleitet, aber über die Zusendung seiner Reisigen und betreffs Erlassung eines allgemeinen Aufgebotes durch Sachsen müsse er sich erst mit seinem Bruder bereden,[2] säumte der König nicht, den Herzogen schon am 1. November freundlich zu antworten; er erwarte ihre Räthe zu Martini (11. November), den Sternberg könne er zwar nicht mehr zurückrufen, da er bereits zu fern sei und wohl die Niederlausitz erreicht habe, sonst aber werde er ihnen gerne zu Willen sein.[3]

Wieder erhielt Herzog Wilhelm zu spät, als dass er noch hätte seine Räthe fertigen können, des Königs Brief; er war ihm erst am 7. November, wie wenigstens versichert ward, zu Jena überreicht worden. Aber obwohl blos der kurfürstliche Rath Haug von Sleinitz und für Herzog Albrecht dessen Rath Hans Metsch die Reise nach Prag unternahmen, so blieb doch auch Herzog Wilhelms Interesse gewahrt nicht blos wegen der völligen Uebereinstimmung seiner Politik mit jener des Kurfürsten in dieser Angelegenheit, sondern weil eben der Herzog schon zuvor ein sehr eingehendes Gutachten über die Böhmen gegenüber einzunehmende Stellung und eine ganz detaillirte Instruction für die nach Prag gehenden Gesandten an seinen Bruder, natürlich ‚auf Verbesserung‘, eingeschickt hatte. Es scheint demnach wohl die Annahme ziemlich berechtigt, dass eben Herzog Wilhelm der eigenen Räthe andernorts dringend bedurfte und die Sendung solcher nach Prag absichtlich unterliess. Jedenfalls unterschied sich ‚die Werbung‘,

---

[1] Schreiben der Herzoge an den Böhmenkönig vom 27. October aus Zeitz im kgl. Hauptstaatsarchiv zu Dresden, Cop. 1317, fol. 268, und ebendort Cop. 17, fol. 99.

[2] Nach dem mehrerwähnten Schreiben des Kurfürsten an Herzog Wilhelm, Rochlitz, am 31. October.

[3] Brief des Königs vom 1. November 1461 im Weimar. Ges.-Archive, Reg. C, pag. 1, Nr. 2, fol. 15, und kgl. Hauptstaatsarchiv zu Dresden, Cop. 17, fol. 100.

welche die am 9. November spät Abends in Prag anlangenden
Boten [1] an den König brachten, in keinem wesentlichen Punkte
von dem, was Herzog Wilhelm in seiner Instruction auseinandergesetzt hatte. Die Verhandlungen gingen nicht ohne eine
gewisse Förmlichkeit vor sich; die sächsischen Gesandten
wurden aber dann noch besonders in geheimer Audienz empfangen und verkehrten mit dem Könige derart, dass selbst
der als Dolmetsch anwesende Benesch von Weitmül eidlich
die Geheimhaltung des Gesprochenen geloben musste. Sie
brachten etwa vor: Ihre Herren seien sehr erschrocken über
des Königs Schreiben, da er sie ‚darin so hart angezogen‘ und
so ‚schwer bedroht‘ habe. Sie hätten auch ‚rechtliche und
lebendige Ursachen‘, über des Königs Brief in Erregung zu
sein, da 1. in ihrer Einung mit Böhmen die ‚Bruderschaft‘
mit Brandenburg ganz ausdrücklich ausgenommen sei, wie
doch dem Könige nicht verborgen sein werde; 2. sie eine so
harte Mahnung gleich zu Beginn selbst dann nicht zu verdienen
vermeinten, wenn sie durch die Einung thatsächlich verpflichtet
wären; 3. weil ihnen des Königs Brief vor Allem in der Absicht geschrieben erscheine, um sie von dem Hause Brandenburg zu trennen, was doch auch nicht im Interesse der Krone
Böhmen gelegen sein könne, welcher der Markgraf merkliche
Dienste geleistet habe und noch leisten werde. Darum möge
der König gestatten, dass der schwebende Handel mit den
sächsischen Fürsten nach der Einung beigelegt werde. Er
möge nicht vergessen, dass er gerade dadurch so hoch an
Macht und Ansehen gestiegen sei, weil er sich mit den Nachbarfürsten friedlich vertragen habe; dies sei auch der richtige
Weg, sich und seine Nachkommen in noch ‚mehrern, glückseligern, höhern, weitgriffigern und mächtigern Stand zu
rücken‘, wobei ihm zu dienen die sächsischen Fürsten wohl
bereit seien; dagegen wäre ihnen nichts lästiger, als wenn sie
thun müssten, was ihm unlieb sei. Sie brachten noch vor,
dass, falls der König seine Forderung aufrecht erhalte, ihre

[1] Nach v. Stockheim, Urkunden und Beilagen 483, Nr. XCVI. Bericht
der eben in Prag anwesenden Räthe Herzog Ludwigs an diesen vom
9. November: Item der herrn von Sachsen ret mit nammen Haug von
Sleiniz vnd mit im der Mätsch, der bey herczog Albrechten ist, sein
heint spat herkomen; was dy bringen, sol ewern gnaden furter nicht
verhallten werden.

Herren bereit seien, nach seinem Vorschlage durch die beiderseitigen Räthe darüber erkennen zu lassen.[1]

Doch der König verlangte das nicht weiter; es war ihm
genug, die sächsischen Herzoge eingeschüchtert, von der Hilfe-
leistung an den Markgrafen abgehalten zu haben. Im Uebrigen
erschienen sie ihm sehr tauglich, eine friedliche Austragung
der ganzen Lausitzer Angelegenheit zu versuchen. Dass der
König aber dazu gerne bereit war, bewirkte wieder der Gang
der grossen Politik.

Aus des Königs Schreiben, das er nachmals am 11. December an Papst Pius II. richtete, erhellen die Grundsätze
und Ziele, die ihn in der letzten Zeit geleitet hatten. Es galt,
durch eine allgemein pacificatorische Thätigkeit nicht blos
dort, wo das Kriegsfeuer im Reiche emporgelodert war, sondern auch noch weiterhin in Polen und Preussen, die feste
Meinung zu erwecken, dass es dem Könige Ernst sei mit dem
so lange ersehnten Türkenkriege, als dessen nothwendige Vor-
bedingung der Friede im eigenen Lande erschien.[2] Zu dem
Zwecke hatte der König die streitenden Fürsten und Städte[3]
im Reiche zu einem Friedenscongress für den Beginn des
Monats November zu sich nach Prag geladen und schliesslich
auch den Kaiser vermocht, die Abordnung einer Gesandtschaft
zuzusagen. Eben jetzt begannen sich, wenn auch nur sehr
langsam, einzelne Gesandtschaften in Prag einzufinden.[4] Auch
die Hohenzoller schienen endlich mürbe zu werden, und wenn
Markgraf Albrecht nach den Erbietungen, die er durch die
Egerer gethan hatte, auch den Tag in Prag nicht beschickte,
weil er nur als des Kaisers Hauptmann sich im Kriege befinde,[5]

[1] Die Instruction Herzog Wilhelms von Ende October oder Anfang November im Weimar. Ges.-Archiv l. c. fol. 5—10.

[2] Des Königs Schreiben an den Papst in Scriptor. rer. Silesiac. VIII
(Politische Correspondenz von Breslau, herausgegeben von Hermann
Markgraf, Breslau 1873), 67- 68, Nr. 66.

[3] Vgl. a. a. O. Fontes rer. Austriac. XX. 255—256, Nr. 259.

[4] Zur rechten Zeit fanden sich eigentlich nur die Gesandten Herzog Ludwigs von Baiern ein; viel später erschienen Räthe des Kaisers, ein Ge-
sandter Bischof Johanns von Würzburg, die sächsischen Räthe, letztere
aber lediglich mit Instructionen für die Lausitzer Sache. Vgl. Kluckhohn,
Herzog Ludwig der Reiche 202 ff.

[5] v. Stockheim, Herzog Albrecht IV. von Baiern und seine Zeit, Text
201 a. a. O.

so nahte er sich dafür im brieflichen Verkehre dem Könige um so unterwürfiger.[1] So wie der König auf der einen Seite nicht verkannte, dass sich mit der Rolle des Friedensstifters der Krieg um die Mark recht schwer vertrage, so schöpfte er aus der augenscheinlichen Friedensbedürftigkeit der Gegner die Hoffnung, das Land vielleicht im Wege der Verhandlung an sich zu bringen. Dazu war ihm die Vermittlung der sächsischen Fürsten willkommen und deswegen vereinbarte er mit ihren Räthen besondere Verhandlungen, die zu Prag am St. Catharinatage beginnen und an denen Gesandte beider Herzoge und königliche Räthe theilnehmen sollten. Aber auch auf den Stand der Dinge in der Lausitz selbst übten die veränderten Dispositionen des Königs ihren Einfluss.

Mit einem nicht unansehnlichen Heere war Zdenko von Sternberg in der letzten Woche des October vor Kottbus gerückt.[2] Um ihn befanden sich Herr Heinrich von Michelsberg, Oberstlandkümmerer, Herr Johann Zajic von Hasenburg, Oberstlehenrichter von Böhmen, die Herren Hynek Berka von Duba (Dubský), Nicolaus Berka von Duba, Burggraf des Königgrätzer Kreises, Albrecht von Duba auf Rabenstein, Johann von Kolowrat auf Weseritz (Bezdružický) u. A.,[3] also mit Ausnahme etwa Johanns von Rosenberg und der Barone des südwestlichen Böhmens die bedeutendsten Vertreter des böhmischen Grossadels. Neue Schaaren strömten zu, als auch der König selbst dem Markgrafen abgesagt, nun das Aufgebot durch die Lausitzen und Schlesien hatte ergehen lassen. Trotzdem erlebten die Belagerer Enttäuschung um Enttäuschung.[4]

<hr>

[1] v. Stockheim, Urkunden und Beilagen 488, Nr. XCVIII: ‚Er (der Markgraf) hat vunsern den konig auf gesstern (9. November) in groser gehaim durch her Mathesen Slick vnd her Jobsten (von Einsiedel) ersucht, im ain gnediger herre zu sein vnd von seinem zorn gegen im zu lassen‘ etc. Bericht der bair. Räthe aus Prag an ihren Herrn.

[2] Schon in seinem Schreiben vom 30. October theilt der Markgraf den Lausitzern mit, dass Sternberg mit Heereskraft vor Kottbus liege.

[3] Nach dem Berichte von Kloss (M. S.) bei Palacky, Gesch. von Böhmen IV. 2. 195, Anm. 137.

[4] Leider fehlen über den Gang der Belagerung alle zusammenhängenden Nachrichten. Meldungen finden sich, von den erwähnten Archivalien abgesehen, in Fontes rer. Austriac. XX. 257—258, Nr. 261; bei Eschenloer, Gesch. der Stadt Breslau 175, mit durchaus richtigen Angaben; bei v. Stockheim in den Berichten der bair. Räthe aus Prag 502, 503, 512;

Die Stadt war viel zu fest, als dass es hätte gelingen können, sie durch einen glücklichen Handstreich oder binnen wenig Tagen einzunehmen. Sternberg entschloss sich also schon in den ersten Tagen, die er vor Kottbus lag, zur regelrechten Belagerung. Während er aber bemüht war, schweres Geschütz aus den Sechsstädten mühevoll herbeizuschaffen, [1] stellte sich auch der Markgraf bei der belagerten Stadt ein und mit ihm auch der Braunschweiger Herzog und die ganze verfügbare Streitkraft der Marken. Ohne sich in einen entscheidenden Kampf einzulassen, versuchte der Kurfürst den Kottbusern, die sich mannhaft vertheidigten, jedweden Beistand zu leisten. Nach Allem mit Erfolg. Sternberg kam in keiner Weise vorwärts, ja er wagte nicht einmal einen Sturmangriff; um den 12. November zog er plötzlich mit seinem Heere von Kottbus ab, entliess die Contingente aus Schlesien und selbst einen Theil der Truppen aus Böhmen und wandte sich mit den Uebrigen gegen Luckau. That er so, weil er die Fruchtlosigkeit der Belagerung einsah, oder gehorchte er einem Befehle des Königs?

Unsere Meldungen über des Königs Meinung in der Kottbuser Sache scheinen auf den ersten Blick unbedingt das erstere zu beweisen. Der König hatte noch am 9. November den bairischen Räthen mitgetheilt, dass er Willens sei, persönlich in die Mark zu ziehen, ja er hatte sich sogar eine Abschrift der Forderungen Herzog Ludwigs, ihres Herrn, ausgebeten, damit er sie, falls er mit dem Markgrafen Unterhandlungen begänne, zur Stelle habe. Als dann am 15. November in Prag die Nachricht von der Aufhebung der Belagerung von Kottbus eingetroffen war, da sprach er sich sehr unwillig darüber aus und tadelte es besonders, dass Sternberg sein Heer zertheilt und den besseren Theil der Truppen in die Heimat entlassen habe. [2] Aber wir haben guten Grund,

Janssen, Frankfurts Reichscorrespondenz, 2 Bände, Freiburg 1863—1873, II. 197, Nr. 305; 199, Nr. 310; Matthaei Doeringii contin. Theodorici Engelhusii apud Mencken, Scriptor. rer. German. III. 27; im Manusc. Sternbergense der Lobkowitz'schen Bibliothek zu Prag, fol. 97; in den Annal. Silesii Nicolai Henelii de Hennenfeld ap. Sommersberg, Scriptor. rer. Silesiac. II. 342—343.
[1] Selbst aus dem weit entfernten Görlitz. Vgl. Fontes rer. Austriac. XX. l. c.
[2] v. Stockheim, Urkunden und Beilagen 503.

all' dem ein gerechtfertigtes Misstrauen entgegenzubringen.
Der König hat in eben jenen Tagen den bairischen Räthen
auch einen Kriegszug seines Sohnes Victorin ins Baireuthische
zugesagt,[1] ohne von ferne daran zu denken, ebenso mit den
bairischen Räthen die weitgehendsten politischen und kriegerischen Entwürfe berathen,[2] Alles, um sie in Prag zurückzu-
halten und Herzog Ludwig zu vermögen, jede andere Friedens-
vermittlung als jene des Königs zurückzuweisen. Es war
ganz sicher mit dem Zuge in die Mark nicht anders. Oder
sollte, wenn der König wirklich vor Kottbus zu ziehen Willens
war, nicht auch Zdenko von Sternberg rechtzeitig diesen Entschluss des Königs erfahren haben? Wie konnte er da, dem
doch zumeist an der Eroberung von Kottbus gelegen war, die
Belagerung aufheben? Wie konnte er überhaupt ohne ausdrücklichen Befehl des Königs nach kaum vierzehn Tagen
die Aufgebote im Heere des Königs wieder entlassen? All'
dies in Verbindung mit der römischen Politik des Königs, mit
den Aussichten auf friedliche Erwerbung des Lausitzer Landes
berechtigt immerhin, die Meinung auszusprechen, die Aufhebung der Belagerung und die Entlassung des Heeres sei
ebenso wie der Zug Sternbergs nach Luckau auf des Königs
Weisung erfolgt, sowie Sternberg schon in den mittleren No-
vembertagen von dem Könige die Zusicherung erhalten haben
muss, dass er durch eine Sendung frischer königlicher Söldner-
schaaren in den Stand gesetzt würde, sich in Luckau zu halten
und einen ‚täglichen Krieg‘ zu führen.

Der Rückzug Sternbergs verlief übrigens nicht ohne ein
kleines militärisches Ereigniss. Der Markgraf war den ab-
ziehenden Gegnern mit 1200 Reitern bis in die Nähe von
Luckau gefolgt und warf sich nun, als die schlesischen und
böhmischen Contingente offenbar in hinlänglicher Vorsicht
abgezogen waren, plötzlich auf Zdenko von Sternberg, der
mit dem Reste der Seinen, 300 Reisigen mit 50 Wagen, eben
in das Thor von Luckau zog. Im ersten Schrecken über den
feindlichen Angriff fuhren die vorausziehenden Wagen gerade

— ·· —

[1] v. Stockheim, Urkunden und Beilagen 481, Nr. XCV, a. a. O.
[2] Vgl. Kluckhohn, Ludwig der Reiche 202—203; v. Stockheim, Urkunden
   und Beilagen 492—497, Nr. C. Auch darüber gedenke ich mich andernorts weiter zu verbreiten.

unter dem Thore derart durcheinander, dass es unmöglich war, rasch heraus oder hinein zu kommen. So jeder Unterstützung seitens der Stadt beraubt, mussten die dreihundert Reiter den Kampf gegen die Uebermacht allein aufnehmen; sie thaten dies mit entschlossener Tapferkeit. Nach einem hitzigen Gefechte gelang es Sternberg, freilich mit geringem Verluste, die Seinen durch das inzwischen freigewordene Thor in die Stadt zu bringen, worauf auch die Markgräflichen abzogen, nicht ohne eine Anzahl von Gefangenen, darunter Zdenkos von Sternberg Schwestersohn, mit sich fortzuführen. Im Uebrigen gab es auf beiden Seiten Todte und Verwundete.[1] Das Treffen, in Prag und Böhmen als unentschieden bezeichnet, auf der anderen Seite mit grösserem Rechte als ein unter solchen Umständen freilich billiger Sieg gefeiert, wuchs in grösserer Ferne zu einer blutigen Schlacht, in der die Phantasie den Berichterstatter mehr Böhmen fallen liess, als ihrer thatsächlich am Kampfe betheiligt waren.[2] Doch erfuhr man bald auch anderswo den wahren Sachverhalt.[3]

Wenige Tage später führte Peter Kdulinec von Ostroměř, des Königs Hofmeister und soeben noch Befehlshaber einer Abtheilung des böhmischen Heeres in Franken, ‚einen merklichen reisigen Zeug‘, der noch sonst durch Trabanten anderswoher verstärkt werden sollte, dem Sternberg zu Hilfe gen Luckau, um ‚den täglichen Krieg wider Markgraf Friedrich mit Ernst den Winter aus zu üben‘.[4]

---

[1] v. Stockheim, 503: . . . vnd sullen auff der Marggrauischen seytten der von Branswigk vnd mit im sechtzehen guter ritter vnd knecht tod beliben sein. Dann auf des von Sternberg scitten ist sein hanbtmann vnd noch ein guter edelmann auch sunst zween slecht rittermessig vmbkommen etc.

[2] Janssen, Frankfurter Reichscorrespondenz II. 197, Nr. 305.

[3] Ebendort II. 199, Nr. 310.

[4] Wenn der König den bairischen Räthen mittheilen lässt (am. 10. November durch Calta von Steinberg und Apel Vitzthum, v. Stockheim, Urkunden und Beilagen 491, Nr. XCIX), dass ‚ihn die Markgrafen täglich um Richtung ersuchen‘, so ist dies wenigstens in Bezug auf Markgraf Friedrich entschieden unwahr. Des Markgrafen ganzes Schreiben vom 15. November (im Weimar. Ges.-Archiv, Reg. C, pag. 1, Nr. 2, fol. 17—18) beweist, dass er seit des Königs Absage sich jetzt zum ersten Male an ihn wende.

II.

Auch Kurfürst Friedrich von Brandenburg sah in der Aufhebung der Belagerung von Kottbus ein Zeichen, dass der König seine Gesinnung gegen ihn geändert habe. Er erfuhr wohl auch von den sächsischen Herzogen, dass man in Prag bereit sei, die Streitfrage durch Verhandlungen statt mit dem Schwerte auszutragen. Nun erst wandte er sich, es war am 15. November, von Lüben aus selbst an den König.[1] Er erzählt in seinem Schreiben eingehend den Hergang des Streites, er versichert ausdrücklich, dass er bereit gewesen sei, die Mark herauszugeben, falls er sein Geld erhalten hätte; er suchte nachzuweisen, wie des Königs und Sternbergs Versuch, sich der Mark und Kottbus' mit Gewalt zu bemächtigen vor Allem Ursache gewesen sei, dass die Verhandlung in Luckau erfolglos blieb. Aber auch jetzt noch sei er willig, die Sache friedlich beilegen zu lassen und erbiete sich daher zu Recht vor dem Kaiser, dem Collegium der Kurfürsten, den andern ihm und zugleich auch dem Könige befreundeten Fürsten. Er erwarte darauf eine schriftliche Antwort.

Sie ward ihm nicht, vielmehr beschloss man im Rathe des Königs, in Anbetracht der nahe bevorstehenden Ankunft der sächsischen Räthe, der durch diese in Aussicht gestellten Vermittlung freien Lauf zu lassen.[2] Wiederum waren die sächsischen Herzoge persönlich zusammengetroffen, um die Instruction für die nach Prag gehenden Räthe festzustellen. Bemerkenswerth ist doch, dass die sächsischen Fürsten, nachdem ja der Böhmenkönig seine Pläne auf das Reich längst aufgegeben hatte, immer noch meinten, der König stehe deswegen in Action, und dass sie darum der Ansicht waren, er sei durch ein Entgegenkommen in dieser Beziehung am leichtesten zu verpflichten. Freilich waren eben damals die eigenthümlichsten Gerüchte über die Pläne des

---

[1] Der Brief Kurfürst Friedrichs am eben erwähnten Orte.
[2] Man vgl. noch v. Stockheim, Urkunden und Beilagen 538, Nr. CVIII. Die hier gebrachte Meldung von einer Antwort des Königs an den Markgrafen steht im Widerspruche mit dem oben Bemerkten, für das die Berichte über die Verhandlungen des nachfolgenden Prager Tages die Quelle bilden.

Königs erst recht im Umgange[1] und selbst desselben enger
Verbündeter, Herzog Ludwig von Baiern, noch der gleichen
Meinung wie die Herzoge von Sachsen.[2] Ebenso bezeichnend
ist, welche weitgehende Behutsamkeit die Brüder in dieser
verfänglichen Sache walten liessen. Nur zweien der Räthe,
Jan von Sleinitz, Obermarschall Kurfürst Friedrichs, und Herrn
Burkard Schenk zu Tutemburg, wurden die bezüglichen Erbietungen als streng zu wahrendes Geheimniss mitgetheilt, zu-
dem bewegten sich diese selbst in so allgemeinen Ausdrücken,
dass die Herzoge, auch im Falle sie kund wurden, ihr Verhalten zu verantworten vermochten.[3]

Am 22. November kamen die Gesandtschaften in Prag
an[4] und schon am nachfolgenden Tage begannen die Verhandlungen, bei denen für beide Herzoge Jan von Sleinitz das
Wort führte. Es ward rasch offenbar, dass der König noch
völlig bei der Meinung über die Sache stehe, die seine Räthe
in Luckau vertreten hatten, dass er aber durch die Vermittlung der sächsischen Räthe weiterer kriegerischer Mittel zur
Erreichung seines Zweckes vertragen werden wolle. Dieselben
hatten nach den gewöhnlichen Begrüssungen und dem Hinweise auf das eng freundschaftliche Verhältniss ihrer Herren zu
Brandenburg wie zu Böhmen ‚dreierlei Wege‘ zur Beilegung
des Streites vorgeschlagen: Man solle ihn entweder genau
nach der Vorschrift der Egerer Einung zwischen Böhmen und
Brandenburg behandeln, oder ihn zu rechtlicher Entscheidung
an die Herzoge von Sachsen leiten, oder diesen das Recht zu-

---

[1] Man sehe Janssen, Frankfurter Reichscorrespondenz II.

[2] Vgl. dessen Instruction für seine zum Prager Tage ziehenden Räthe bei
v. Stockheim, Urkunden und Beilagen 462, Nr. LXXXIX.

[3] Nach dem Berichte der sächsischen Räthe über die in Prag geführten
Verhandlungen, s. u.

[4] Droysen, Gesch. der preuss. Politik II. 1. Abth. 188, sagt nach einem
Schreibfehler in dem Berichte ‚am 15. November‘, was Palacky, Gesch.
von Böhmen IV. 2. 197 wiederholt. Letzteres Datum ist schon deshalb
unmöglich, weil bis dahin kaum die Martinigesandtschaft zu Hause eingetroffen sein konnte, auf deren Bericht hin erst die Instruction für die
neue Gesandtschaft abgefasst und diese nach Prag gefertigt werden
musste. Das richtige Datum gibt übrigens eine Meldung der bair. Gesandten vom 18. November (bei v. Stockheim, Urkunden und Beilagen
512, Nr. CIV): Item der alt vnd jung hertzog von Sachsen werden ire
ret auf sontag schiristen (22. November) allhie haben.

erkennen, wenigstens gütlich in der Sache zu vermitteln. Der Obermarschall unterliess nicht, hinzuzufügen, dass in letzterem Falle die Herzoge ihres Amtes mit strenger Unparteilichkeit walten würden und dass dem Markgrafen auf keinen Fall erspart würde, zu leisten, wozu er rechtlich verpflichtet sei. Darauf liess der König durch Jobst von Einsiedel, der diesmal das Amt des Dolmetschers versah, zunächst seinen Dank aussprechen für die freundlichen Erbietungen des Hofmarschalls, er liess sich auch neuerdings seines Schreibens vom 16. October wegen entschuldigen: seine Hauptabsicht sei eben nur gewesen, die sächsischen Fürsten genau von dem ganzen Handel zu unterrichten; aber der Hauptsache nach lautete seine Antwort sehr wenig ermuthigend. Die ganze Reihe der Klagen gegen den Markgrafen, die der Absagebrief enthalten hatte, wurde wieder vorgebracht und noch die neue hinzugefügt, dass der Markgraf entgegen der Bestimmung in dem einst von König Sigmund dem Hans von Polenz ertheilten Verleihungsbriefe über die Vogtei und entgegen seiner eigenen Zusage, die er in Culmbach gegeben, sich weigere, in die Ablösung des Landes zu willigen; man merke daraus wohl, dass er der Markgrafschaft und ihrer ‚Zugehörunge‘ besser zu geniessen wisse als seines Geldes, dass ihm das Land ,lieber sei als der König‘: diesem gebühre darum auch, ,ernstlicher denn zuvor dawider zu gedenken‘. Schliesslich ward mitgetheilt, der König werde ,die drei Wege‘ der sächsischen Räthe seinem Rathe vorlegen und dann seinen Entschluss kundgeben.

Die nächste Verhandlung fand lediglich in Gegenwart des Königs und Jobsts von Einsiedel als Dolmetsch, dann der beiden Räthe Jan von Sleinitz und Burkard Schenk statt. Letztere hatten es so verlangt, da sie nun die Zeit für gekommen erachteten, mit ihrem geheimen Auftrage hervorzutreten. Sehr wichtigthuend setzte Jan von Sleinitz auseinander, wie von dem, was er nun vorzutragen habe, factisch Niemand als Burkard Schenk Kenntniss hätte. Aber seine Erbietungen besagten doch schliesslich nichts Anderes, als Kurfürst Friedrich wolle mitsammt seinem Bruder zu dem helfen und rathen, ,was den König und seine Erben ehren, erhöhen und fördern möge.‘ Der König antwortete ebenso förmlich. Er verstehe wohl, dass die sächsischen Fürsten dies gut meinten, wisse auch, dass sie seine und seiner Kinder

Höhnng gerne sähen; er wolle dies, so wie es an der Zeit sei, gerne von ihnen annehmen, mit ihnen darüber verhandeln, und sei auch ihnen gegenüber zu gleichen Diensten erbötig.

Hatten die Räthe wie ihre Herren von diesem Zwischenerbieten eine besondere Wirkung erwartet, so blieb dieselbe völlig aus. Es kam darum zu weiterer Erörterung der Lausitzer Angelegenheit in der am 23. begonnenen Weise in einer Schlussverhandlung am 25. November.

Gleich zu Beginn ward von Jobst von Einsiedel mitgetheilt, dass der König den dritten der proponirten ,Wege', eine gütliche Vermittlung seitens der Herzoge von Sachsen, annehme. Darauf begehrte Jan von Sleinitz, nachdem er die Bereitwilligkeit seiner Herren neuerdings versichert hatte, einen Waffenstillstand zwischen Böhmen und dem Markgrafen, damit die Vermittlung ungestört vor sich gehen könne. Man war darauf offenbar nicht gefasst. Der König liess daher die sächsischen Räthe abtreten und berieth sich einige Zeit mit den Seinen. Dann brachten die Herren Johann Hase von Hasenburg, Heinrich von Plauen, Heinrich von Kolowrat, Burian Trčzka von Leipa und Zdenko Kostka von Postupitz, zu denen sich noch der Secretär des Königs, Jobst von Einsiedel, gesellte, den sächsischen Räthen den Bescheid: Der König sei bereit, auf einen Waffenstillstand einzugehen, nur nicht bezüglich des Lausitzer Landes; da solle ihm der Markgraf nicht hineinreden; er sei vielmehr Willens, die Seinen darin zu unterstützen und das Land an sich zu nehmen; den Waffenstillstand wolle er leiden, dem Kurfürsten die Mark (Brandenburg) zu verschonen. [1]

Darauf nun einzugehen, erklärte Jan von Sleinitz in weitläufigen Auseinandersetzungen für unmöglich. Alle Bemühungen seiner Herren, den Frieden herzustellen, müssten fruchtlos sein, wenn man auf der einen Seite unterhandle, auf der andern im Kriegszustande bleibe. Man könne den sächsi-

---

[1] Bis daher scheint Droysen den Bericht der Gesandten gelesen zu haben. Nun aber macht er einen Punkt und schreibt: ,Das ward angenommen.' Gesch. der preuss. Politik II. I. Abth. 188. Dass er späterhin doch selbst auch von neuen Verhandlungen in der Sache erfährt und berichtet (ebendort 192—193), hat ihn nicht weiter angefochten. Palacky, Gesch. von Böhmen IV. 2. 198, erzählt dann von diesen Verhandlungen ,wörtlich nach J. G. Droysen (sic) begründeter Schilderung.' Anm. 139.

schen Herzogen ein solches um so weniger zumuthen, als sie
freiwillig und keineswegs auf die Bitten des Markgrafen hin
die Vermittlung übernommen hätten. Aber auch die böhmischen Herren gaben nicht nach. Sie antworteten eben nur mit
dem Hinweise auf neue Züge feindseligen Benehmens seitens
des Markgrafen; dies sei besonders in der Kottbuser Angelegenheit der Fall, in der er dem Könige zu ‚Hohn und
Schmach‘ an den Kaiser appellirt und dadurch wegen Verletzung der Privilegien des Königreiches Böhmen auf 500 Mark
löthigen Silbers pönfällig geworden sei. Bezüglich der Lausitz
blieben sie dabei, dass sie nicht in den Waffenstillstand ein-
geschlossen werden dürfe; was die Pfandsumme betreffe, so
solle in den weiteren Verhandlungen festgestellt werden, ob
der König das Geld geben solle oder nicht.

Damit ward endlich des Königs eigentliche Absicht
kundgethan, die völlig dem früher Geschehenen entsprach.
Die Gesandten gaben sich denn auch keine weitere Mühe.

Am 26. November erschienen sie in Abschiedsaudienz,
und da erfuhren sie denn, dass die Dinge doch nicht ganz so
stünden, wie sie meinten. Zunächst ward ihnen verkündet,
dass auch die anwesenden kaiserlichen Räthe, Hans von Ror-
bach und Hans Mülfelder, bereit seien, in der Lausitzer Sache
zu vermitteln, für ihren Ehrgeiz als Diplomaten und ihre Aufgabe, die Sache ihrer Herren nach Kräften zu vertreten, doch
immerhin eine beachtenswerthe Eröffnung. Dann erfuhren sie,
im entschiedenen Widerspruche zu ihrer gestrigen Behauptung,
wie der Markgraf selbst dem Könige gemeldet habe, dass die
sächsischen Herzoge seinerseits zur gütlichen Verhandlung in
der Lausitzer Angelegenheit ermächtigt worden seien.

So bedenklich geworden aus mehrfachem Grunde willigten
sie gerne ein, als ihnen eine letzte Unterredung mit Herrn
Hase von Hasenburg und Jobst von Einsiedel angeboten wurde.
Herr Hase führte das Wort: Dass der König sich so entschieden
weigere, den Waffenstillstand auch für die Mark zuzugestehen,
komme daher, dass er dem Sternberg soeben eine reisige
Schaar zu Hilfe geschickt. Aber vielleicht sei eine Vereinbarung möglich, indem man einen allgemeinen Stillstand für
einen späteren Termin anberaume. Das ward aufgegriffen und
daraufhin kam es noch in letzter Stunde zu einer Vereinbarung des Inhalts: Am Montage nach der heil. drei Könige

Tag 1462 (12. Januar) findet in Brüx ein ‚gütlicher Tag‘ statt,
zu dem König Georg, Herzog Friedrich von Sachsen oder
einer seiner Söhne und Herzog Wilhelm sich persönlich einfinden. Letztere sollen den Markgrafen mit sich bringen, den
der König zum und vom Tage und während desselben mit
sicherem Geleite versorgt. Die Fürsten sollen versuchen, die
Gebrechen, derentwegen man ‚von allen Theilen zu Kriegen
und Ansprüchen gekommen sei, gütlich beizulegen‘.[1] Binnen
drei Wochen oder früher soll Herzog Wilhelm dem Könige
mittheilen, ob der Markgraf zustimme und der Tag vor sich
gehe, dann wolle der König in einen allgemeinen Waffenstillstand willigen, der am achten Tage nach jener Mittheilung
Herzog Wilhelms an den König beginnen und noch acht Tage
nach Schluss des Brüxer Tages dauern soll, vorausgesetzt,
dass man hier nicht eine anderweitige Vereinbarung treffe.
Die Meldung Herzog Wilhelms müsse aber die ausdrückliche
Versicherung des Markgrafen enthalten, dass auch er mit all’
den Seinen während der benannten Zeit den Stillstand beob-
achten werde.[2]

Man wird nicht fehlgehen, wenn man die schliessliche
Bereitwilligkeit des Königs, in die Waffenruhe zu willigen und
der sächsischen Vermittlung weiteren Spielraum zu gönnen,
mit seinem damaligen Friedensbedürfnisse in Verbindung
bringt. Im Uebrigen hatten die Dinge in der Lausitz selbst
eine Gestalt gewonnen, dass der König, ohne seinem End-
zwecke, das Land in seine Hand zu bringen, untreu zu werden, in einen frühestens um die Mitte December beginnenden
Waffenstillstand willigen konnte. Vom Anfange an hatte sich
in der Lausitz eine entschieden der Wiedervereinigung mit
Böhmen günstige Stimmung bemerkbar gemacht. Die schwie-
rige Lage der Brandenburger in den letzten Jahren, der Friede
und die Sicherheit, deren sich die Lande des Königs erfreuten,
werden da sicherlich Eindruck gemacht haben. So war der
König schon am 15. November in der Lage, den Luckauern
für ihre Treue im Streite mit dem Markgrafen in einem

---

[1] Der Bericht über die Verhandlungen, vollendet während der Heimreise
zu Schlan am 27. November, im Weimar. Ges.-Archiv, Reg. C, pag. 2,
Nr. 2, fol. 21—29.

[2] Der Abschied des Tages vom 26. November im kgl. sächsischen Haupt-
staatsarchive zu Dresden, Cop. 1317, fol. 270.

eigenen Schreiben zu danken.[1] Als dann am 23. November
sich die Stände der Mark in Luckau versammelten, da ward
in Gegenwart und unter dem Einflusse des Oberstburggrafen
Zdenko von Sternberg beschlossen, sich lediglich an die Krone
Böhmen und den König, als den Erbherrn, zu halten. Wohl
mochten bei Einzelnen bezüglich der an den Markgrafen zu
richtenden Erklärung Bedenken obwalten, besonders bei jenen,
deren Besitz in der Nähe des brandenburgischen Gebietes lag
oder gar von demselben zum Theile umschlossen war. Als
aber Sternberg den Besitzern der am weitesten ins Markgräfliche hineinragenden Städte und Burgen, wie Wenzel von
Biberstein, Herrn auf Sorau und Beeskow, besondere Schutz-
briefe ausgestellt hatte,[2] da gingen Alle muthig voran. Im
Namen der Uebrigen richteten Heinrich, Abt zu Dobrilug,
Wenzel von Biberstein und Botho von Ilburg an den Markgrafen am 23. November ein Schreiben, in dem sie ihm unter
Berufung auf ihre Pflicht gegen die Krone den Gehorsam
ganz abschrieben.[3] Die Besitznahme der Mark von Seite
Böhmens war damit, wenigstens der Hauptsache nach, factisch
erfolgt.

Natürlich beeilten sich die sächsischen Herzoge nach
Möglichkeit, dem Markgrafen Meldung und dessen Bescheid
und Einwilligung dem Könige zu wissen zu thun, um so bald
als möglich den Eintritt der Waffenruhe in der Mark herbei-
zuführen. Am 6. December traf im Auftrage des Kurfürsten
Friedrich von Brandenburg der Bischof von Brandenburg in
Torgau ein, um seines Herrn völlige Zustimmung zu über-
bringen,[4] am 8. August hatte Herzog Wilhelm, soeben von
einem Tage in Mühlhausen zurückgekehrt, wo Landgraf Heinrich von Hessen die Erbverbrüderung feierlicher als je gelobt
hatte,[5] die Meldung davon in Weimar und noch am selben

[1] Nach der Angabe bei Palacky, Gesch. von Böhmen IV. 2. 195, Anm. 137.

[2] Fontes rer. Austriac. XX. 260—261, Nr. 264. Der Brief ist zunächst an die Herzoge von Glogau und Sagan gerichtet.

[3] Der Brief im Weimar. Ges.-Archiv, l. c. fol. 19.

[4] Nach dem Schreiben Kurfürst Friedrichs an Herzog Wilhelm, Weimar. Ges.-Archiv, l. c. fol. 35.

[5] So meldet er selbst am 3. December seinem Bruder aus Mühlhausen. Ebendort fol. 33.

Tage fertigte er einen Eilboten an den König ab.[1] Er gab
diesem die Weisung, sich unverweilt von Prag mit der königlichen Erklärung zu dem Markgrafen zu verfügen. Sie ward,
nach des Königs Antwort an Herzog Wilhelm zu schliessen,
ausgefertigt am 15. December.[2] Daher musste mit dem 22. December in der Lausitz und in den Marken völlige Waffenruhe
eintreten.

An diesem Tage war überhaupt im ganzen Bereiche der
böhmischen Machtsphäre der Waffenlärm verstummt. Nach
langen Bemühungen hatte der König endlich am 7. December
den Abschluss einer Reihe von Verträgen durchgesetzt, nach
deren Bestimmungen zwischen dem Kaiser und seinen Haupt-
leuten im Reiche einerseits und Herzog Ludwig andererseits,
zwischen dem Könige und Markgraf Albrecht, dem Letzteren
und Johann von Würzburg, zwischen diesem und den sächsischen Herzogen ein Waffenstillstand festgesetzt wurde, der am
21. December beginnen und bis zum 24. April 1462 dauern
sollte. Während dieser Zeit sollten aber am 6. Februar die
Fürsten mit dem Kaiser persönlich in Znaim zusammentreffen
und dort der definitive Frieden verhandelt werden.[3] Da der
König auch bereits in dem alten Streite zwischen Casimir von
Polen und dem Deutschherrenorden in Preussen seine friedliche Vermittlung angeboten hatte, die wenigstens der Hoch-
meister sofort freundlich beantwortete, so konnte er wirklich
mit einiger Berechtigung nun am 11. December jenes beachtenswerthe Schreiben an den heiligen Vater richten, in dem
er seine Ergebenheit gegen den heiligen Stuhl so entschieden
betheuerte, auf die vielfältige Mühe hinwies, die ihm die
Friedensstiftung in dem von Krieg und Streit zerrissenen
deutschen Reiche gekostet habe, den Vorsatz aussprach, das
begonnene Werk zu gedeihlichem Ende zu führen, um sich
dann mit aller Kraft der Bekämpfung der Erbfeinde des
christlichen Namens, der Türken, widmen zu können. Es sollte

---

[1] Schreiben Herzog Wilhelms an den Kurfürsten vom 8. December. Ebendort fol. 36.

[2] Ebendort fol. 43; des Königs Geleitsbrief für Markgraf Friedrich mit
100—150 Pferden ebendort fol. 44.

[3] Die Verträge sind vielfach gedruckt. Vgl. Palacky, Gesch. von Böhmen
IV. 2. 199. Kluckhohn, Herzog Ludwig 204. Fontes rer. Austriac. XLII.
331 332, Nr. 246.

die Empfehlung sein für die Obedienzgesandtschaft, die den König zugleich in Rom definitiv ankündigte und die nun auch wirklich im Januar 1462 endlich gefertigt ward. Es geschah, nachdem Erklärungen des Kaisers und des Baiernherzogs, welche den Frieden annahmen, eingelaufen waren, unmittelbar bevor der König sich erhob, um zum Tage nach Brüx zu ziehen. Begreiflich, dass der König nun nicht für nothwendig hielt, dem Markgrafen gegenüber weitergehende Nachgiebigkeit zu zeigen.

Aber auch Kurfürst Friedrichs Lage war nun wesentlich anders als im October und November. Nicht blos, dass sein Bruder Albrecht in Franken das Gleichgewicht der Kräfte wieder hergestellt, nach dem Abzuge der Gegner das Verlorene ziemlich wieder gewonnen hatte und nun der Erneuerung des Krieges getrosten Muthes entgegensah: der Kurfürst hatte auch unter den Fürsten des Nordens sich einen Rückhalt gegen die Ueberziehung der Marken von Seiten Böhmens zu schaffen gesucht. Schon schickte König Christian von Dänemark, dem gegenüber der Markgraf von seinen Ansprüchen auf Holstein zurücktrat, dem Böhmenkönige und Zdenko von Sternberg seinen Fehdebrief;[1] weitere Abmachungen waren im Zuge.[2] So erschien auch er in Brüx, zu entschiedener Wahrung seiner Rechte entschlossen.

Unter solchen Umständen waren die Verhandlungen des Brüxer Tages, an denen sich aber unmittelbar weder der König, noch der Markgraf, sondern nur die beiderseitigen Räthe und die Herzoge Wilhelm und Albrecht von Sachsen betheiligten, nicht vorwärts zu bringen. Den bekannten Anschuldigungen und Klagen der einen folgten Widerlegung und Gegenrede auf der andern Seite. Nur dass die Zahl der Klagepunkte auf böhmischer noch gewachsen war. Zbinko von Hasenburg und Jobst von Einsiedel gaben nämlich die Erklärung ab, dass 1. der König darauf bestehen müsse, dass ihm für die grossen Kosten, die ihm aus des Markgrafen

---

[1] Gottorp am 2. Januar 1462. Sitzungsber. der philosoph.-histor. Classe der kais. Akademie der Wissenschaften in Wien V (1850), 693—694.

[2] Man vgl. Droysen, Gesch. der preuss. Politik II. I. Abth. 194, a. a. O. Palacky, Gesch. von Böhmen IV. 1. 202, der auch eines weiteren Schreibens des Dänenkönigs vom 1. December 1461 erwähnt. Ebend. Anm. 145.

Weigerung, die Lausitz herauszugeben, erwachsen seien, Ersatz
zu Theil werde; 2. dass der Markgraf etliche Lehen, die zur
Lausitzer Mark gehörten, dem Könige entzogen habe, ‚zu Abbruch und Verkürzung‘ für diesen; 3. dass der Markgraf in
der Lausitz Steuern eingehoben habe, wozu er als Vogt nicht
berechtigt gewesen sei, und dadurch die Leute in Armuth gebracht habe. Schliesslich wurden auch noch zwei Friedensbrüche erwähnt: des Markgrafen Leute hätten das Dorf Topperg, im Glogauischen gelegen, während des Waffenstillstandes
überfallen, viel Eigenthum beschädigt und die Einwohner
misshandelt; ebenso seien einige Unterthanen des Königs, die,
mit des Markgrafen Geleite wohl versorgt, durch die Neumark
hätten nach Preussen reiten wollen, gefangen genommen und
‚zu unbilligen Gelübden gedrungen worden‘. Der Markgraf
liess darauf antworten: Die Kosten habe nicht er dem Könige,
sondern dieser selbst sich ohne Noth gemacht, da er, statt
den Streit nach den Bestimmungen der Einung auszutragen,
sogleich den Krieg begonnen habe; eine Steuer habe er von
den Lausitzern weder gefordert noch erhalten, ausser einigem
Hafer, wie dies auch anderen Vogten vordem geschehen sei;
von den Lehen, die er entfremdet haben solle, sei ihm nichts
bekannt, ebensowenig von den Friedensbrüchen; doch sei er
bereit, falls irgendwie eine Schuld bei den Seinen sich finde,
dies gut zu machen.

Schliesslich standen dann beide Parteien wieder auf dem
alten Flecke: der König verlangte die bedingungslose Uebergabe der Mark; sei er dann dem Markgrafen irgend eine
Zahlung schuldig, so solle sie geleistet werden. Der Markgraf
liess erklären, dass es für ihn schimpflich sei, sich ohne Zahlung aus dem Lande weisen und hinterher darüber verhandeln
zu lassen, ob er eine Entschädigung für die erkaufte Pfandschaft erhalten solle oder nicht; ebenso habe er Kottbus mit
seinem Gelde gekauft und den Kauf von der Krone bestätigt
erhalten; dagegen wären die Ansprüche Zdenko's von Sternberg schon deswegen hinfällig, weil noch rechte Erben lebten
und eine Erledigung und darum auch giltige Verleihung der
Stadt und Herrschaft in keiner Weise eintreten konnte.[1]

[1] Die Reden und Gegenreden beider Parteien im Weimar. Ges.-Archiv,
Reg. C. pag. 2. Nr. 2, fol. 46—48 und 49—52.

So schienen die Verhandlungen scheitern zu müssen, als
es den sächsischen Herzogen, die darob nicht wenig in Sorge
waren, weil sie so in die bedenklichste Lage zwischen Böhmen
und Brandenburg kommen konnten, doch noch gelang, wenigstens den Markgrafen zu theilweiser Nachgiebigkeit zu bestimmen. Schliesslich liess man dem Könige die Wahl: die
Hälfte der Ablösungssumme zu zahlen, wogegen aber dem
Markgrafen seine Erbschlösser Kottbus, Lüben u. s. w. ‚ohne
Ansprache verbleiben sollten‘, oder dem Markgrafen das Land
auf Lebenszeit zu lassen; nach dessen Tode solle es dann
ohne jede Zahlung an Böhmen fallen und ebenso auch Lüben,
doch in der Art, dass, falls es versetzt sein sollte, der König
dem Pfandinhaber die Summe auszuzahlen habe; die übrigen
brandenburgischen Erbschlösser sollten nur im Falle der Markgraf und auch sein Bruder Friedrich der Jüngere ohne Erben
sterben würden, dann aber gleichfalls ohne Entgelt, an Böhmen
fallen; oder endlich dem Markgrafen das Geld ganz auszuzahlen und das Land in Besitz zu nehmen, worauf erkannt werden solle, wie viel der Markgraf davon zurückzuerstatten habe.
In gleicher Weise gab der Markgraf bezüglich Kottbus
etwas von seinen bisher festgehaltenen Behauptungen auf. Er
erbot sich, dem Sternberg Stadt und Schloss zu überlassen,
falls ihm die Kaufsumme von 12.000 Schock ersetzt würde;
als dies abgeschlagen ward, wollte er sich mit der Hälfte des
Kaufschillings begnügen, während über die andere Hälfte die
Landsassen des Lausitzer Gebietes zu Recht erkennen sollten.
Der König ging seinerseits nicht weiter, als dass er sich an-
heischig machte, für die Mark 4000, für Kottbus 1000 Schock
zu zahlen.[1] Da wie dort kam man trotz Allem zu keiner Verständigung. Die sächsischen Herzoge mussten schliesslich sehr
froh sein, dass es ihnen nach achttägigen Bemühungen wenigstens gelang, eine Verlängerung der Waffenruhe zu erlangen,
einen ‚Frieden mit einer Vorrede‘ aufzurichten, der bestimmte:
Die Feindseligkeiten werden zunächst nicht wieder aufgenommen; doch steht es jeder der beiden Parteien frei, zu be-
liebiger Zeit den Stillstand zu kündigen, der dann aber auch
stets noch volle drei Wochen nach erfolgter Kündigung weiter
zu dauern habe. Alle Gefangenen sollen über die Zeit der

---

[1] Die Erbietungen in zwei Bruchstücken ebendort fol. 3 und 53.

Waffenruhe hinaus weiter betagt werden, und zwar ‚Erbare‘ und ‚Reisige‘ gegen Gelübde, Bürger und Bauern gegen Bürgschaft; ebenso sollen alle Abdingung, Brandschatzung und Contribution an Geld und Lebensmitteln, so weit sie noch nicht geleistet seien, auch vorerst nicht weiter geleistet werden. Es sollen die Mannen und Städte der Niederlausitz, die sich zu dem Könige geschlagen haben, bei dem Könige, die sich an den Markgrafen halten, bei dem Markgrafen in dem Frieden stehen. Endlich solle wegen der von böhmischer Seite erwähnten Friedensbrüche auf einem besonderen Tage zu Senftenberg verhandelt werden, wobei am 6. Februar, in Gegenwart böhmischer und kurmärkischer Räthe, Gesandte Herzog Friedrichs und Herzog Wilhelms von Sachsen den Ausspruch thun sollten.[1] Wenn sich der König noch in Brüx schmeichelte, der von ihm gestiftete Frieden im Reiche werde Bestand haben, wenn er zu hoffen wagte, auch seine nach Rom gefertigte Gesandtschaft werde glücklich ihre Aufgabe zu lösen vermögen,[2] so sollte die Enttäuschung nicht lange ausbleiben. Die erste ward ihm bereits unmittelbar nach seiner Rückkehr nach Prag. Markgraf Albrecht meldete,[3] dass er gerne den Frieden mit dem Könige, auch mit Johann von Würzburg annehme, dass er aber in einen solchen mit Ludwig von Baiern nicht willigen könne; er habe seinerseits weder selbst zu den Prager Verhandlungen mit Baiern Jemanden geschickt, noch hätten die kaiserlichen Räthe für ihn Vollmacht besessen; andererseits käme ihm vom Kaiser der Befehl, den Krieg gegen Herzog Ludwig fortzusetzen. Es war das Schreiben, das der Kaiser am 20. December, noch ehe er vom Prager Frieden Nachricht erhalten hatte, an den Markgrafen richtete.[4] Weitere Meldungen Herzog Ludwigs von Baiern liessen keinen Zweifel, dass die Wiedererneuerung des Reichskrieges vor der Thüre sei, und zwar eines Kriegsfeuers von weitaus grösserem

[1] Der Vertrag, abgeschlossen am 18. Januar, in Fontes rer. Austriac. XLII. 336–339, Nr. 248.
[2] Man vgl. die beachtenswerthe Notiz im Berichte Joh. Kitzing's an die Breslauer vom 17. Mai 1462. Scriptor. rer. Silesiae. VIII (ed. H. Markgraf) 93, Nr. 86.
[3] v. Stockheim, Urkunden und Beilagen 607–608, Nr. CXXX.
[4] Anhang zum Briefe des Kaisers vom 9. Februar bei v. Stockheim 617 bis 618, Nr. CXXXIV.

Umfange als zuvor, da nun endlich auch die Reichsstädte ‚in
des Kaisers Hilfe‘ kamen und dem Herzoge absagten. ¹ So
unangenehm diese und andere Nachrichten für den König
waren — auch der Kaiser meldete, dass es ihm nicht möglich
sei, den Znaimer Tag zu besuchen — er musste es geschehen
lassen.² Alle seine Mahnungen bei Markgraf Albrecht wie bei
Kaiser Friedrich blieben erfolglos. Dass diese Sachlage auch
ihre Rückwirkung auf die Lausitzer Angelegenheit üben
musste, liegt auf der Hand. Als am 6. Februar sächsische
Räthe, wie in Brüx vereinbart worden war, sich in Senftenberg einfanden, trafen sie weder böhmische oder besser glo-
gauische, noch auch markgräfliche Gesandte. Offenbar auf
die Weisung des Königs hin hatte der Herzog die Beschickung
des Tages unterlassen.³

Immer drohender, gefahrvoller gestaltete sich die Sachlage. Als Markgraf Albrecht auf die neuerliche Bitte des
Böhmenkönigs, den Prager Frieden auch dem Baiernherzoge
gegenüber halten zu wollen, eine stolz abweisende Antwort
gab,⁴ antwortete der König mit der zweiten Absage an ihn
(am 5. März). ⁵ Meldungen von mächtigen Kriegsrüstungen
wurden laut; damit zugleich verbreitete sich die Nachricht,
der König wolle nicht blos seine Heerhaufen wie vergangenes
Jahr nach Franken senden, sondern auch selbst einen mächtigen Kriegszug nach Schlesien und den Marken hin unternehmen. ⁶ Unmittelbar nach der Zusammenkunft des Königs
mit Ludwig von Baiern und Erzherzog Albrecht von Oesterreich, seinen Bündnern, zu Budweis ⁷ schrieben böhmische
Herren dem Markgrafen, dass der Plan, die Lausitz zu gewinnen, bei dem Könige feststehe wie je.⁸ Der Markgraf

---

¹ Ebendort Brief Herzog Ludwigs vom 24. Januar, 612—613, Nr. CXXXII;
  vgl. Nr. CXXIX, CXXXI, CXXXIII.
² Brief des Kaisers vom 9. Februar.
³ Vgl. den Bericht über den zweiten Brüxer Tag.
⁴ Brief des Markgrafen vom 22. Februar bei v. Stockheim, 619- 620,
  Nr. CXXXV.
⁵ Palacky, Gesch. von Böhmen IV. 2. 201.
⁶ Brief Heinrichs v. Bünau an Kurfürst Friedrich v. Sachsen vom 26. April,
  Weimar. Ges.-Archiv, Reg. C. pag. 1. Nr. 1. fol. 80. Vgl. Kitzing's
  Bericht an die Breslauer, Rom am . . .
⁷ Vgl. a. a. O. Fontes rer. Austriac. XX. 261—265, Nr. 271 und 272.
⁸ So Droysen, Gesch. der preuss. Politik II. I. Abth. 193—194.

gerieth nochmals in schwere Sorgen und neuerdings suchte er, wie schon früher, einen Bund nordischer Fürsten zu seinem Schutze zuwege zu bringen, was ihm denn auch im Wesentlichen am 28. März auf dem Tage von Wilsnack gelang.[1]

Aber nicht minder geängstigt waren auch die sächsischen Herzoge. Den Markgrafen nicht beizustehen, verbot ihnen das rege Ehrgefühl; wenigstens Kurfürst Friedrich war entschlossen, zum nicht geringen Schrecken für seine Räthe, an dem Kampfe gegen Böhmen an der Seite Brandenburgs theilzunehmen. Schon hatte er deswegen einen allgemeinen Landtag nach Oschatz ausgeschrieben, mit seinen Getreuen das Nähere zu berathen. Dem Kriege mit Böhmen aber vermochte man in Sachsen wie in Thüringen nur mit lebhaftester Besorgniss entgegenzusehen. Noch waren die Verheerungszüge der Böhmen über das Gebirge heraus lebhaft in Aller Erinnerung; man meinte wohl, lade sich der Kurfürst, der nichts weniger als ein Kriegsmann sei, diese Gegner wieder auf den Hals, so werde er und seine Kinder ihrer nicht mehr ledig. Aber auch Wilhelm von Thüringen sah sich im Falle eines Krieges gefährdet; er wusste wohl, dass die Räthe Bischof Johanns von Würzburg unablässig in Prag thätig waren, um böhmische Schaaren zum Kampfe gegen ihn zu gewinnen, dass die Vitzthume nur auf eine Gelegenheit lauerten, um nach dem Coburgischen vorzubrechen, die alte Rache zu kühlen an seinen Landen.[2]

So wenig günstig die Verhältnisse schienen, die Brüder entschlossen sich, noch einen Versuch zu friedlicher Vermittlung in dem Streite um die Lausitz zu machen.

Am 8. März hatte Kurfürst Friedrich seinem Bruder den Antrag gemacht, durch eine gemeinschaftliche Gesandtschaft den König um eine neue gütliche Verhandlung zu bitten, die binnen vier Wochen zu Brüx erfolgen möge. Man solle dem Könige vorstellen, dass ein Zustand, wie ihn der Brüxer

[1] Ueber den Tag von Wilsnack vgl. a. a. O. Droysen, Gesch. der preuss. Politik II. I. Abth. 194. Von den bezüglichen Bemühungen des Kurfürsten weiss auch Matt. Doering, Contin. chron. Theodor. Engelhusii ap. Mencken III. 27, und erfuhr man selbst zu Rom. Vgl. den Bericht des Joh. Kitzing an die Breslauer vom 19. Mai. Scriptor. rer. Silesiac. VIII. 96—97, Nr. 87.
[2] Nach den Meldungen der zu Brüx unterhandelnden sächs. Räthe; s. unten.

Friede geschaffen habe, nicht gut sei; jeder Theil benütze die
Waffenruhe eben nur dazu, um sich zu stärken und dann sein
Vorhaben doch noch durchzusetzen; so werde der Streit je
länger desto ärger einreissen.[1] Auf Herzog Wilhelms Vorschlag, es zunächst mit einem Schreiben zu versuchen, geschah
letzteres;[2] und auch mit Erfolg. Am 25. März schrieb der
König den Herzogen, dass er, obwohl inzwischen ein neuer
Friedensbruch seitens des Markgrafen erfolgt sei, indem dieser
Hansens von Kotzau, seines Lehenmannes, Feind geworden
sei und dessen Schloss Friedland belagere, dennoch seine
Räthe am 10. April in Brüx haben werde.[3] Man wird nicht
fehl gehen, wenn man, ganz abgesehen von der Friedensliebe
des Königs an sich, die trotz allen kriegerischen Lärmens
doch immer wieder hervortritt, mit seiner nunmehrigen ver-
söhnlichen Stimmung die Aussicht auf einen nochmaligen
Friedenstag in Prag (am 4. April) in Verbindung bringt, die
sich durch die Vermittlung des päpstlichen Legaten Hierony-
mus Landus, Erzbischof von Kreta, während des Budweiser
Tages eröffnet hatte. Viel weniger versprach sich offenbar der
Markgraf von neuen Verhandlungen einen Erfolg, obwohl er
schliesslich dazu bereit war; ‚unser Meinung anders nicht ist‘,
antwortet er auf die Anfrage des sächsischen Kurfürsten, ‚denn
der König halte uns zu aller erst unser zweier Einung und
Bündnis, desgleichen wir ihm widerum halten wollen; ob aber
irgend ein Gebrechen daran wäre, das lasse er zu recht
kommen an den Stätten, wo das entschieden werden soll. —
Will er das Land haben, so gebe er uns unser Geld in einer
Summe; was wir ihm dann wieder abtreten sollen nach Laut
des Reverses, den wir ihm mit allen unsern Brüdern versigelt
haben, da wollen wir uns nicht dawider setzen. — Er thue
uns nicht neuerdings unrecht; Recht soll uns ihm gegenüber
wohl und wehe thun.‘[4] Darnach war denn auch der Hauptsache

---

[1] Der Brief mit einem Zettel, enthaltend den Entwurf der Werbung an
den König ‚auf Verbesserung‘, im Weimar. Ges.-Archiv, Reg. C. pag 1.
Nr. 2, fol. 61.

[2] Antwort aus Eckersberge vom 11. März. Ebendort fol. 63.

[3] Fontes rer. Austriac. XLII. 340—341, Nr. 250 (auf S. 341 hat es statt
‚28. März‘ ‚10. April‘ zu heissen). Vgl. auch Fontes rer. Austriac. XX.
266—267, Nr. 274.

[4] Brief vom 20. März in Fontes rer. Austriac. XLII. 339—340, Nr. 249.

nach die Instruction abgefasst, welche den sächsischen Räthen nach Brüx mitgegeben ward.

Als dort am Palmsonntage die Verhandlungen eröffnet wurden, waren zugegen von böhmischer Seite die Herren Hase von Hasenburg, Matthes Schlick von Elbogen, Johann von Kolowrat, Jobst von Einsiedel und Hermann Zirotek, Burggraf auf Brüx, von sächsischer Seite im Namen beider Herzoge der Obermarschall Jan von Sleinitz, die Herren Nickel von Schönburg, Hofmeister, Hans Metsch, Schenk Hans von Tutenberg und der Kanzler Johann Sifrid. Wieder führte der Obermarschall das Wort; er erörterte die Gründe, die seine Herren zu der neuen Vermittlung gebracht, namentlich die Besorgniss, der Streit möchte viel weitere Dimensionen annehmen, nachdem bereits auf dem Tage zu Wilsnack vor viel Herren und Städten der König von Dänemark ‚dem Markgrafen zu gut fast grosser Hilfe zugesagt habe‘. Auf das Ersuchen der böhmischen Räthe, mitzutheilen, in welcher Weise sich die sächsischen Herzoge ein billiges Abkommen dächten, antwortete Sleinitz, es bleibe nichts übrig, als dass der König erst dem Markgrafen die ganze Pfandsumme bei der Uebernahme des Landes entrichte; dann werde ihm der Markgraf gerne zurückzahlen, wozu er nach Recht verpflichtet werden könne. Das ward auf böhmischer Seite ohne Weiteres mit der Erklärung abgelehnt, dass schon auf dem früheren Brüxer Tage dem Könige weit bessere Bedingungen gestellt worden waren. Da sich die sächsischen Räthe als zu solchen nicht bevollmächtigt erklärten, so musste man nicht blos die Verhandlung für heute abbrechen, sondern schien das Schicksal des Tages überhaupt besiegelt zu sein. In der That handelte es sich am nächsten Tage im Wesentlichen darum, einen weiteren Tag festzustellen, auf dem die Angelegenheit endgiltig geordnet werden sollte. Die böhmischen Räthe schlugen eine neue Fürstenzusammenkunft vor. Der König komme demnächst nach Glogau, um den Polenkönig zu besuchen; wenn sich bei dieser Gelegenheit die sächsischen Herzoge in Görlitz oder Bautzen einfinden möchten, so könnte die Sache kurzer Hand beendet werden. Das wiesen die sächsischen Räthe in dieser Form zurück; es sei unbedingt nothwendig, dass die Räthe die Sache geordnet hätten, ehe die Zusammenkunft der Fürsten vor sich gehe; es möchte ihren Herren schimpflich sein,

unverrichteter Sache vom Tage scheiden zu müssen. Für diese
Vorberathung ward Kamenz und, falls der Glogauer Tag
länger dauern sollte, Brüx in Vorschlag gebracht. Endlich
kam man überein, die Wahl des Ortes den Fürsten zu überlassen, und zwar sollte der König den bezüglichen Vorschlag
thun. [1]

Es kam noch zu einer Erörterung der Lausitzer Sache
zwischen dem Obermarschall und Jobst von Einsiedel unter
vier Augen. Sie ist nicht ohne Interesse. Der Marschall erfuhr,
dass der Tag von Wilsnack doch nicht ohne bedeutenden Eindruck auf den König geblieben sei, dass der König in der
That ein gütliches Abkommen wünsche, wobei es ihm auf die
Zahlung von ein- und zweitausend Schock mehr oder weniger
nicht ankomme, wenn nur principiell sein vom Anfange an
festgehaltener Standpunkt aufrecht blieb. Auch des Königs
eigentliche Endabsicht wusste der Vertraute mitzutheilen. ‚Mein
Herr, der König,‘ sprach Einsiedel, ‚ist in den Sachen übel
verführt und ich zweifle nicht, er werde den Verführern
nimmer hold, sondern werde ihnen noch ihren rechten Lohn
geben. Wie dem, so ist meines Herrn des Königs Meinung
in dem Fürnehmen gewesen, dass er gern das Land der Lausitz an sich bringen und einen seiner Söhne damit ausstatten
wollte bei seinen Lebzeiten, nachdem er ein schwerer Herr
ist und nicht weiss, wann oder wie sichs mit ihm schicken
mag; und je näher er seine Söhne bei unsern gnedigen Herren
von Sachsen, zu denen er sich alles guten versehe, setzen
möchte, desto lieber ihm das wäre, in freundlicher Zuversicht,
sie sollten Hilfe und Trost von ihnen haben.‘ Jobst ging auch
bereitwillig darauf ein, als ihm der Marschall vorstellte, es
werde vielleicht nothwendig werden, die Uebergabe der Mark.
auch im Falle man einig werde, um eine Frist, etwas ein
halbes Jahr zu verschieben, Alles, damit es nicht den Anschein
gewinne, der Markgraf sei zur Herausgabe des Landes ge-
zwungen worden. Er versprach, in diesem Sinne bei dem
Könige zu sprechen. [2]

---

[1] Nach der Instruction zu und dem Berichte vom Tage im Weimar. Ges.-
Archiv. l. c. fol. 39—42 und 68—73. Die Instruction ist wieder von
Herzog Wilhelm verfasst.
[2] Nach dem Berichte der thüringischen Gesandten vom 13. April. Weimar.
Ges.-Archiv. l. c. fol. 74, 75.

Trotzdem zögerte König Georg mit der Aeusserung auf die Brüxer Beschlüsse bis zum 25. April, offenbar so lange, bis er Nachricht von der Verrichtung seiner Gesandtschaft in Rom habe. Als aber nun die Vorgänge in Rom, die Entscheidung, die dort am 31. März gegen ihn gefallen war, ihm kund geworden, da zögerte er, sofort mit anderen politischen Massregeln beschäftigt, nicht länger, zur raschen endgiltigen Austragung der Lausitzer Sache die Hand zu bieten. Nachdem der König in seinem Schreiben hingewiesen auf die in Brüx gepflogenen Verhandlungen, wobei er nicht unterliess auseinanderzusetzen, dass er da nur durch die Hartnäckigkeit des brandenburgischen Kurfürsten genöthigt worden sei, ‚seine Herrschaft, Lande, Städte und Leute zu handhaben und wieder an sich zu bringen, wie er auch mit Recht und mit gewaltsamer Hand gethan habe‘, erklärt er seine Absicht, den Streit gemäss der Egerer Einung durch eine Commission, bestehend aus je drei eigenen und brandenburgischen Räthen, entscheiden zu lassen. Die Räthe sollten am 1. Juni in Beeskow zusammentreten; für die sächsischen Herzoge entfalle damit jeder weitere Grund, sich für den Markgrafen in dieser Sache zu bemühen.[1]

Der Brief, dem Kurfürsten von Sachsen am 28. April mitgetheilt, brachte diesem und noch mehr dem Markgrafen Friedrich die Befreiung von schwerer Sorge. Die Zusammenziehung bewaffneter Schaaren bei Prag, darunter eine ziemliche Anzahl jener berüchtigten Zebraken, die rauf- und raublustige Elemente aus Böhmen, Ungarn, Polen, dem Reiche und den Balkanländern in ihren Reihen vereinigten, all' die Vorbereitungen des Königs für die Zusammenkunft mit König Casimir in Glogau, die nicht ohne eine Schaustellung der Macht beider Reiche vor sich gehen sollte,[2] hatten die Kunde von grossen Rüstungen in Böhmen neuerdings in die Ferne getragen. Wurde auch die erste Meldung, dass bei Prag 11.000 Mann geschaart ständen, bald widerrufen und die Zahl der Söldner auf nur 4000 angegeben, so war dies immer noch eine Macht, die im Feindeslande den schwersten Schaden stiften konnte.[3]

---

[1] Fontes rer. Austriac. XLII. 341—343, Nr. 251.
[2] Vgl. a. A. J. Dlugoš, Histor. Polon. lib. XIII. Leipzig 1712, 290—291.
[3] Brief Heinrichs von Bünau an Kurfürst Friedrich vom 26. April im Weimar. Ges.-Archiv. l. c. fol. 80, 81.

Der Markgraf hatte auf den 9. Mai einen Tag nach
Mühlhausen verabreden lassen; nun aber gab er den dringen-
den Bitten seiner Landschaft nach und entschloss sich, zu
Hause zu bleiben, um so mehr, als sich das Gerücht verbreitete,
auch der Glogauer Tag werde wesentlich zu dem Zwecke gehalten, um einen Bund beider Könige gegen ihn zuwege zu
bringen.[1] Aber auch in Sachsen blieb man nicht völlig be-
ruhigt, als der König, statt auf directem Wege nach der
Lausitz zu ziehen, sich mehr nordwestlich gegen das Meiss-
nische hin wandte und am 27. April bei Karbitz unmittelbar
an den über das Erzgebirge nach Sachsen führenden Pässen
lagerte. Schon liess Heinrich von Bünau, des Kurfürsten
Pfleger in dem benachbarten Liebstadt, die Leute auf dem
Gebirge warnen und sandte selbst der Kurfürst auf Bünau's
Bericht seine Räthe, zu sehen, was vorginge.[2]

Doch der König dachte nicht weiter an Feindseligkeiten
weder Brandenburg, noch weniger Sachsen gegenüber; sein
Brief vom 25. April beseitigte denn auch da wie dort endlich
jeden weiteren Zweifel; langsam weiter ziehend gelangte König
Georg am 15. Mai nach Glogau, wo nun, nachdem am 18. auch
der Polenkönig mit zahlreichem und glänzendem Gefolge sich
eingestellt hatte, die Unterhandlungen zwischen den Fürsten
unverweilt begannen. Ihr Gegenstand war aber nicht ein ge-
meinsamer Krieg gegen den Markgrafen, sondern Massregeln
zur Sicherung des freundnachbarlichen Verkehres zwischen
den beiden Reichen, besonders aber der Plan des Böhmenkönigs, Casimir von Polen unter dem Vorwande eines gemein-
samen Zuges gegen die Türken für die nächste Zeit seiner
weitsehenden Politik dienstbar zu machen. Schon war ja der
Böhmenkönig, von dem Franzosen Anton Marini aus Grenoble
berathen, zu einem grossen diplomatischen Feldzuge gegen
die Curie entschlossen, dessen Ergebniss die Stiftung eines
europäischen Fürstenbundes sein sollte, dem nicht Papst und
Kaiser, sondern Ludwig XI. von Frankreich und Georg von

---

[1] Sein Brief vom 22. April an Kurfürst Adolf von Mainz und die Herzoge
Friedrich und Wilhelm von Sachsen im Weimar. Ges.-Archiv. l. c.
fol. 76. 77. 78.

[2] Des Kurfürsten Brief vom 28. April an seinen Bruder Wilhelm. Weimar.
Ges.-Archiv. l. c. fol. 82. 83.

Böhmen die Bahn vorzeichnen sollten. Für solche Anschauungen
nun den Polenkönig zu gewinnen, war König Georg in Glogau mit emsiger Vorsicht bemüht, um freilich sein Streben nur
in sehr bescheidenem Maasse gekrönt zu sehen.[1]

Unmittelbar nach Beendigung des Glogauer Tages trafen
sich der Böhmenkönig und Markgraf Friedrich von Brandenburg in Guben. Hier ward rasch vollendet, was, wie es scheint
— es sind gerade über das Ende des Streites um die Lausitz
unsere Nachrichten äusserst dürftig — ohne besondere Mühe[2]
zwischen den beiderseitigen Räthen in Beeskow (oder in Guben?)
ins Reine gebracht worden war. Zunächst erfolgte am 5. Juni
die förmliche und feierliche Wiederaufrichtung der Egerer
Einung vom 25. April 1459 zwischen Böhmen und dem brandenburgischen Hause mit allen ihren Bestimmungen. Betreffs
der Grenzstreitigkeiten zwischen der Mark Brandenburg und
dem Herzogthume Glogau ward vereinbart, dass Räthe des
Markgrafen und des Herzogs demnächst zusammentreten und
auf Grundlage früherer Vereinbarung die Grenzlinie feststellen
sollten. Im Uebrigen ward bestimmt: die beiderseitigen Gefangenen sind ledig, jegliche Art von Leistung, zu der die
Unterthanen der einen Partei an die andere Partei verpflichtet
wurden und die noch nicht aufgebracht ist, hat wegzufallen,
Lehen, die aufgesagt oder verwirkt sind, bleiben den bis-
herigen und früheren Besitzern.[3] Am selben Tage anerkannte
König Georg, dass Kurfürst Friedrich Kottbus, Stadt, Schloss
und Herrschaft, dann Peitz, Teupitz, Bernwalde, Beeskow,
Storckow und den Hof Gross-Lübben sammt Zugehör erblich
an sich gebracht habe; diesen gesammten Besitz, der von der
Krone zu Böhmen zu Lehen gehe, verleihe der König auf
Bitten des Kurfürsten Friedrich, der als solcher von ihm keine
Lehen empfangen könne, dem Grafen Jacob von Lindau, Herrn
auf Ruppin, unter Anerkennung der bezüglich Beeskow und

---

[1] Vgl. Hermann Markgraf, Ueber Georgs von Podiebrad Project eines
christlichen Fürstenbundes etc. Histor. Zeitschr. XXI. 272 ff.

[2] So melden auch wirklich die Annales Silesiae Nicol. Henelii ap. Sommersberg, Scriptor. rer. Silesiac. II (Lipsiae 1730), 242—243, ohne dass
weiter besonderes Gewicht darauf gelegt werden soll.

[3] Riedel, Cod. diplomat. Brand. II. 5. 63—64. Nr. MDCCCXI. Sommersberg, Scriptor. rer. Silesiac. I. 1028—1029, Nr. CLI.

und Storckow zwischen dem Kurfürsten und Herrn Wenzel
von Biberstein bestehenden Verträge. [1]
    Und die Mark Lausitz? Nun, sie blieb bei Böhmen.
Ueber das ‚Wie‘ aber erfahren wir an competenter Stelle, in
den Gubener Urkunden, gar nichts, und was an anderen Orten
gemeldet wird, bewegt sich in entschiedenem Widerspruche.
Matth. Döring berichtet den Rückkauf der Mark,[2] eine Meldung, die ganz wohl bestehen kann, da der König schon in
Brüx sich zur Zahlung von 4000 Schock erboten und Jobst
von Einsiedel noch zuletzt ebendort versichert hatte, es komme
dem Könige auch auf 1000 bis 2000 Schock mehr nicht an.
Aber schon die Summe, die Döring nennt, ist entschieden
nicht zutreffend; · oder sollte der König nun auf einmal
10.000 Schock Groschen gezahlt haben, während er bisher die
Zahlung der schuldigen 7800 Schock so energisch verweigert
hatte? Und in Brüx hatte ja im Januar der Markgraf sich
schon mit der halben Summe zufriedengeben wollen! Dazu
kommt, dass der König die Ansprüche des Markgrafen auf
Kottbus u. s. w., kurz in jeder Beziehung, die verpfändete
Vogtei allein ausgenommen, nun völlig anerkennt und dass er
es auf sich nimmt, die Sternberge dafür anderweitig durch
Verleihung von Gütern und Gerechtsamen eben in der Lausitz
zu entschädigen. Wenn der Markgraf selbst während der
Januar-Verhandlungen in Brüx Kottbus allein 12.000 Schock
Groschen werth erachtete, so bildete es jetzt, in Verbindung
mit der Anerkennung seines sonstigen Erbbesitzes, eine völlig
ausreichende Entschädigung für die auf 7800 Schock verbriefte Pfandschaft. Man wird demnach der Meldung des
‚Catalogus abbatum Saganensium‘[3] ein weitaus grösseres Gewicht zugestehen als jener des in jeder Hinsicht ferner stehenden Matth. Döring: ‚Die Stadt Kottbus,‘ besagt er aber, ‚bisher zum Theile in des Königs, zum Theile in markgräflichem
Besitz, kam an den Markgrafen; dafür erhielt der König
ohne Entgelt zurück, was sonst an jenen verpfändet war.‘
Auf keinen Fall wurde dem Markgrafen die ganze Summe
ausgezahlt! Und daraus erklärt es sich wohl auch, warum wir

---

[1] Riedel, Cod. diplomat. I. c. 64—65, Nr. MDCCCXII.
[2] M. Doeringii Contin. chron. Theodor. Engelhusii ap. Mencken III. 27.
[3] Bei Stenzel, Scriptor. rer. Silesiac. I (Breslau 1835), 345.

über den Act der Rückerstattung des Landes keine Urkunde
besitzen: obwohl dem Markgrafen die entsprechende Entschädigung zu Theil geworden war, so empfand es der ehr-
liebende Fürst doch als eine politische Niederlage, dass er die
Mark, ohne die verbriefte Pfandsumme erhalten zu haben,
an die Krone Böhmen zurückgeben musste.

Was die nachfolgenden Beilagen anbelangt, so sei bezüglich der in extenso mitgetheilten Stücke bemerkt, dass,
abgesehen von der nach dem Sinne gegebenen Interpunction
und der Gepflogenheit, lediglich Eigennamen inmitten des
Satzes gross zu schreiben, die Wiedergabe getreu nach der
handschriftlichen Vorlage erfolgte. Auch möge es gestattet
sein, Herrn Archivar Dr. Wülcker in Weimar für die so
liebenswürdige Förderung meiner Arbeit aufrichtigen Dank
zu sagen.

I.

1461. 20. October. Zwernitz.

Kurfürst Friedrich von Brandenburg an Herzog Wilhelm
von Sachsen: Er sei gewarnt worden, dass der von Sternberg
auf dem Wege sei, ihn mit den Böhmen zu überziehen. Bittet,
ihn nicht ohne Hilfe zu lassen, denn ‚ewer lieb sal vnnser
gegen dem von Sternberg zu glich vnd recht gancz mechtig
sein‘. Er reite mit dem ‚reisigen Gezewge‘, den er hier habe,
sogleich ‚nach land‘. ‚Czwernicz am dinstag nach Galli.‘

Orig. im grossherzogl. und herzogl. Gesammtarchiv zu Weimar, Reg. C,
pag. 2, Nr. 2.

II.

1461. 27. October. Zeitz. — *Die sächsischen Herzoge Friedrich und Wilhelm an König Georg von Böhmen: Antwort auf des Königs Schreiben, in dem er die Fehdeansage an Markgraf Friedrich von Brandenburg meldet und Hilfe verlangt.*

Copie im kgl. sächs. Hauptstaatsarchiv zu Dresden, Copialb. 1317, fol. 268.

Durchluchtiger konig etc. Also uwer durchluchtikeit vnd gnade vns in eyner langen schrifft zcuerkennen geben hadt etliche gebrechen, die uwere durchluchtikeit vnd gnade zcu dem hochgeborenen fursten hern Friderichen, marcgraven zcu Brandemburg und buregraven zcu Nuremberg, kurfursten, vnserm lieben swager, vermeynt zcu haben, vnd uff das letzte in der selben schrifft beruret vnd erbietet vnser fruntlichen eynunge halben, darjnne wir mit uwer durchluchtikeit vnd gnaden sien, vnser schiedelichen rethe uff montag fur Symonis et Jude (26. October) gein Eger zcu schicken, gutlichen handel zcu haben; — ap der nicht mocht troffen werden alszdann rechtliche erkentniszs noch lute der eynunge des usztrags zcu geben lassen, auch uff etliche geistliche und wertliche fursten vnd stete erboten, forder innhalts sollichs uwer durchluchtikeit vnd gnaden brieffs haben wir furnomen vnd gutlichen vorstanden. Vnd fugen uwer durchluchtikeit vnd gnaden wissen, das sollich u. d. v. g. brieff vns, herczogen Friederichen, uff dornstag (22. October), vnd vns, herczogen Wilhelm, uff frietag nehstvorgangen (23. October) wurden, dabie uwer durchluchtikeit v. g. wol vorstehen kan, uff sollichen montag vns zcuschicken zcu korcz gewesen ist. Sundern wir bitten uwer durchluchtikeit vnd gnade in gutlichem vlisse, vns zcu willen den czog, durch hern Zdencken von Sternberg gein dem gnanten vnserm swager furgenomen, zcuwidderwenden, vns auch eynen tagk byenen vierczehen tagen zcu ernennen gein Praga vnd den acht tage zcuvor, eher sich vnser rethe bie uwer durchluchtikeit vnd gnade erheben, zcuzcuschriben. So wollen wir vnser rethe bie uwer durchluchtikeit vnd gnade schicken, sich von vnsern wegen mit u. d. v. g. fruntlich zcuunderreden. Von denselben vnsern rethen, so die bie uch komen, uwer durchluchtikeit vnd gnade vorstehen wirdet, das das in guter meynunge geschiet. U. d. v. g. wulle vns des auch nicht vorsagenn; das sint wir willig vmb u. d. v. g. zcu vordienen. Vnd womitte wir u. d. v. g., auch

uwer cronen ere, dinst, frunthschafft erzeigen mochten, weren
wir alezyt willig; sint auch des von u. d. v. g. widderumb in
vnczwivelicher zcuvorsicht. Geben zcu Czicz vnder vnser beider
insigeln uff dinstag vigilia Symonis et Jude anno domini etc.
lx primo. [1]

Friderich von gotis gnaden vnd Wilhelm
herczogen zcu Sachsen etc.

An den konig czu Behmen geschrieben (von der Hand
des Copisten).

III.

1461. 30. October. Dahme.

Markgraf Friedrich von Brandenburg an die Lausitzischen
Stände: Der König habe ihm die Zahlung der Pfandsumme
für die Lausitz auf vergangenen Simon- und Judaetag zugesagt;
die Bezahlung sei aber, wie sie bereits mündlich von ihm in
Luckau erfahren hätten, nicht erfolgt. Dagegen habe er heute,
als er ,gein der Dhame' kam, erfahren, dass der König und
Zdenko von Sternberg mit noch einigen böhmischen Herren
ihm abgesagt hätten, und der von Sternberg bereits mit Heereskraft vor Kottbus liege, das ihm doch eine merkwürdige Bezahlung scheine. Der Markgraf weist die Beschuldigungen des
Königs, die Streitsache mit Herzog Heinrich von Glogau, mit
dem von Sternberg wegen Kottbus, dann Herzog Balthasar von
Sagan und die Mark Lausitz betreffend, zurück, und widerlegt
das Ausschreiben Zdenkos von Sternberg, er, der Markgraf,
hätte seine Briefe vergessen. Er müsse sich nun wehren und
hoffe, sie würden sich halten wie ,fromme' Leute.

Copie im grossherzogl. und herzogl. Gesammtarchive zu Weimar, Reg. C,
pag. 2, Nr. 2, fol. 13—14.

IV.

1461. 31. October. Rochlitz.

Kurfürst Friedrich von Sachsen an seinen Bruder Wilhelm: Markgraf Friedrich von Brandenburg habe ihn gebeten,
ihm seine Reisigen und Trabanten zu schicken; sie sollten im

---

[1] Eine gleichlautende Copie ebendort, Cop. 17, fol. 99ᵃ⁻ᵇ.

Felde nichts zu thun haben, sondern er wolle sie in seine
Städte legen und nur mit den Seinigen gegen die Feinde ziehen.
Der Markgraf habe weiter begehrt: 1. dass er in seinem Lande
ein allgemeines Aufgebot ergehen lasse, des Markgrafen Feinde
zu schrecken; 2. eine Gesandtschaft sofort nach Prag zu dem
Könige und eine zweite zu dem von Sternberg vor Kottbus
zu schicken, so wie dies vorlängst zu Zeitz beschlossen worden
sei. Seine Antwort sei gewesen: Wegen der beiden Stücke
müsse er sich mit ihm, Herzog Wilhelm, berathen; wegen der
Gesandtschaft sei aber bereits Alles nach dem Wegreiten des
Markgrafen von Zeitz verfügt worden; man erwarte darüber
nur die Antwort des Königs, die ihm, dem Markgrafen, sofort
nach ihrem Eintreffen mitgetheilt werden solle.

Orig. ebendort, fol. 32.

V.

1461. 1. November. Prag.

König Georg von Böhmen an die Herzoge Friedrich und
Wilhelm von Sachsen: Bestimmt, dass sie zu Martini ihre Räthe
bei ihm in Prag haben sollen, und verspricht gutwilliges Gehör
für das, was sie an ihn bringen werden. Dem Sternberg könne
er den Zug bis dahin aber nicht mehr widerbieten, da dieser
weit weg sei und bereits die Lausitz erreicht habe.

Orig. ebendort, fol. 15; Copie im kgl. Hauptstaatsarchiv zu Dresden,
Cop. 17, fol. 100.

VI.

1461. Ca. 15. November. Jena. — *Meinung Herzog Wilhelms von
Sachsen über die Forderung des Böhmenkönigs, ihm gegen Markgraf
Friedrich von Brandenburg Hilfe zu leisten, und Entwurf einer Instruc-
tion für in dieser Sache nach Prag gehende sächsische Gesandte.*

Conc. im grossherzogl. und herzogl. Gesammtarchiv zu Weimar, Reg. C, pag. 2,
Nr. 2, fol. 5—10.

Vff die schrieft vnd ersuchunge, an vnsern lieben bruder
vnd vns nechst gescheen durch vnnsern lieben sweher den
konig zu Behemen, dorinn er vns in chraft der fruntlichen
eynung, die wir mit im vnd der kronen habin, antzewhett, das
wir im wider vnsern liben swager marcgraf Friderichen

helffen oder darumb nach lawt der eynunge zu erkentniss oder
durch mittele der vsztrege, die er vns bewtet, dy in der
eynunge nicht begrieffen steen, sines furnemens zeu rechtlichem
vsztrage komen sullen, habin wir sind der ziett des abschides
von dem tage zeu Czitz gehalden, den sachen nachgedacht vnd
bewegin zu handeln, wie vorgeschribin steet, doch vff ver-
besserunge vnnsers liebin bruders zu mynnern oder zu meren.

Item nachdem des koniges schrieft weitlewftig ist, dorinnen er nicht anders suchett, dann das er vnnser liben
bruder vnd vns in vnnsztregelichen vsztregen lange enthilde,
das wir vnsern frunden nicht helffin, sie dadurch verliesen vnd
glichwol nicht mercken mogen, was siner entlicher meynunge
gein vns sei: Vnd nach dem auch vsz derselbin schrieft gar
clar, als vns beduncken wil, scheynet, wie der konig vrsache
missefallens gegin vnserm bruder vnd vns zu nemin suche,
dadurch er glimpflich mit forderunge wider an vns komen
mocht, das wir dann dabei abnemen:

Zum ersten. Wiewol in der fruntlichen eynunge, dorinn
wir mit im vertragen, verschribin vnd bestricket sein, wir die
verbruderunge, dy wir mit sampt vnsernn ohemen von Hessen,
mit vnsern frunden den marggrauen habin, clerlichin vsznemen
vnd vns wider diselbin mit ym vnd der cronen nichts verbin-
denn, als das die eynungszbriff clar in irem beslusz innhalden
vnd vuszwiesen, jdoch zewhet er vns in chraft derselbin
eynung an, ermanet vns vnnser glubde vnd truwen, das wir
im helffin wider die marggrauen vnd den marggrauen nicht
helffin sullen, den wir doch mit bruderschaft eynung vnd verpuntniss gewannt sin vnd sie darumbe gegin in vnd der crone
vszgezogen habin.

Zeum andernn. Wiewol in der eynunge, die wir mit im
vnd der cronen habin, gesatzt ist, das er vnd wir hinfurdt
mit einander nymmer mer zu fehden, vihintschaft vnd vffrure
komen sullen, auch lawt vstrege geschepffet vnd beschriben
sin, abgesehee, das wir mit einander zu schicken gewonnen
vmb sachen, dy sich nach dato der eynunge begebin, wie wir
denselben mit einander zu gutlichem oder rechtlichem entscheide
komen solten, also das gar nicht not were, vns ferner oder
andere vsztrege fur zu setzin, domit wir von meniclich ver-
merckt werdenn musten glicherwise, als ob wir mit im in
swerer zwietracht weren, auch dardurch vsz der fruntlichen

eynung, dorinn wir mit im vnd der cronen sein, gefuret
wurden, wo wir dy vffnemen, wo wir sie aber verslugen, das
er dann gein meniclichen glimpf wider vns vermeynt zu
erlangen: Vsz dem nu gar lawt zu besliessen stet, das vns ein
vnvermeidliche beswerunge von dem Konige in disen schrif-
tenn fuor vnd ersuchen furgesetzet ist. Dann sullen wir sin
schriebin vnd vsztrege, die er vns bewtet, verachtenn vnd vnsern frunden, die wir in der selbin vnnser eynung gar wis-
sintlich vszgenomen habin, helffin, so wil er vns vnglimpf zu
messen gegin allen herren vnd steten, daruff er vns die vsztrege
geboten hat, vnd dem drawigen artickel nach geen, darvff
diselbin sin schrieft beslewsset. Wie ferne das reichen wurde,
mag meniclich vermercken. Wo wir dann den vsztregen vnd
siner schrift volge tun vnd vnnser frunde in den noten, darinn
sie mit im sein, hulfflose lossen, mag vns nicht anders dann
vnglimpff gegin den selben vnsern frund, den wir dann in vor-
geschriebener masz auch verschriben vnd zugehoriger sippschaft
vff das hohst gewannt sin; vnd auch gein meniclichen, wo sie
das von vns clagen oder schriebin, vnglimpff entstehen. Vnd
mochten diselbin vuser frunde, dy wir also hilfflose lassen,
von vns gedrungen werden, das wir hinfuro, so wir betreten
wurden, irer hulff auch entperen musten, das vns dann swer
fallen mocht, angesehen, das wir vns darumbe mit in verbru-
dert, verbunden vnd mit mancherlei heyrath vnd fruntschaft
zu einander gethan haben, das sie durch vns vnd wir durch
sie sollen pliben vnd gehalden werden. Darumb wil vns beduncken gut sein, dass man mit dem konige in der furgesetzten
weytlewfftigen schrieft nicht artikulir noch dorin gehe, sundern
im mit einer slechten, vffrichtigen, warhafftigen, bestendigen
meynung begegin vff besliesz in des konigs briue gesatzt,
dy geschickten rete von vnserm bruder vnd vns nach erbietung williger dinst vnd mit entschuldigunge vnsers liben
bruders vnd vnser gegin siner durchluchtikeit vnd gnade,
das wir die tage, vns in sinen schriben zu ustrag der sachen
furgesatzt, nicht besucht habin, das sei darumbe gescheen, das
vns die briue zu kurtz sin geantwert worden, inmassen, das
sin durchluchtickeitt vnd gnade vsz vnserin schribin, im durch
Merthin vnsern poten nechst zugesant, wol verstanden habe.
    Des glichin haben wir auff den tage, vns in dem briue,
durch Merthin vnsern poten von siner durchluchtigen gnade

geschickt, itzunt vor nuwens verramet, nicht geschicken mogen, wann kurtzhalbin der zeeit vns hertzog Wilhelmen der briff vff sonnabunt noch Aller heiligen tage (7. November) zu Ihene geantwortet sei, den wir ilende vnsern liben bruder zuge-schicket vnd, so erst wir gemoget, uch vnser rete zu siner durchluchtigen gnade vnser meynung in den dingen, darumb wir ersucht vnd beschr[iben] sein, im zeu eroffenen, gefertigt haben. Werbin also:

Allerdurchluchtigster konig, gnedigster herre! Ewer ko-nigliche majestat had vnsirn gnedigen herren ein lange schrieft zugesannt, dorinn ir vnder andirn lawten laszet das verwurcken, das der hochgeborn furst, vnnser gnediger herre marcgraff Fridrich, marcgraff zu Brandenburg, ir swager wider uwer maiestat, uwer crone vnd die uwern sol begangen vnd getan haben, dorumb ir gegin im zu notwcher beweget siett, verwarung gegin im getan habe vnd uch sines furnemens vff-halden wollet, inn ermanung, das vnnser gnedige herren uch des helffen sullen nach lut der fruntlichen eynung, dorinn sie mit uwer maiestat vnd der hochwierdigen uwer cronen sin. Vnd ob sie des zu thunde nicht vermeynten, fordert sie uwer majestat deszhalben zu erkenntnisse vnd zu vsztregen, die in der eynung nicht begriffen sein, mit dem anhange vnd besliesz, wo sie das verachten wurden, so hettet ir vrsache, uch des von in allinthalbin zu beclagen vnd nicht deste mynner nach rate uwer frunde wege fur zu nemen, dadurch sie berichtet wurden, das sie vnbillich vber solch ersuchen vnd rechtbote ichtes wider uch vnd die uwern furgenomen hetten, wie dieselb uwer mey-nung uwer maiestat lange schrift mit weitern worten innhelt. Allergnedigster konig! Solcher schrieft vnd ersuchung sin vnser gnedige herrn sere erschrocken, darumbe das sie durch uwer gnade so swerlich angezogen vnd bedrohet werden vnver-schulter sachen, vnd bieten uwer konigliche maiestat mit dinst-lichem vliess, solchs ires erschreckens redliche, rechtliche vnd lebindige vrsachin zv horen.

Zum ersten mag uwer gnaden nicht verborgen oder vn-wissinde sein, das in der fruntlichen verpuntniss vnd eynung, dy sie mit uwer maiestad vnd der hochwirdigen cronen zu Be-hemen habin, dy verbruderung, die sie mit sampt den land-grauen von Hessen vnd mit allen marcgrauen zu Brandburg haben, gar clerlichen vszgenomen ist, wider die sie sich nicht

verpinden. Darumb ist in billich erschrecklich, das sie uwer
gnade vber solches, das in den eynungszbriuen so lawter vsz-
gedrucket vnd begriffen ist, so herticlichin ermanet, vf vsztrege dringet vnd, wo sie den selben nicht volgen wolten, zu
beclagen vnd mit den tate zu berichten bedrawet.

Zeum andern: Ab solche vsznemen in der fruntlichen verpuntniss vnd eynunge, dor inn sie mit uwer maiestat vnd der
hochwirdigen cronen verstricket sein, nicht verleibet vnd vsz-
gedruckt were, so were in doch billich erschrecklichin, das sie
uwer maiestat on alles fruntlichs ersuchen vonstundan in den
ersten anbegynnen, so ir sie vmb hulff uwern gnaden zu
thunde anlanget, so hertiglich zu ermanen, sie yn so weitlewf-
tige rechtgebote zu furen vnd zu bedrawen vnderstundet; wann
in nichts anders darusz entsteen mocht, dann das sie bej meniclich vermercket wurden glicher wiese, als ob yn swere sin sollt,
uwern gnaden zu willfaren vnd mit uwer maiestat und der
cronen in swerer widerwertikeyt stunden, das in dem nicht
allein zu besunderm vnd hohsten missefallen, sundern auch zu
einen sweren nachteil dienen mochte, angesehin die hohen pflicht
vnd fruntschaft, dorinn sie sich mit uwer maiestat ein vor-
wurchet vnd begriffen habin, dadurch ir mit einander eins ge-
plutes worden siett, vnd sich dorumbe aller gnaden vnd fruntschaft zu uwer maiestat vntzwifellichin verhoffen vnd vertrawen.

Zum dritten sind sie solcher schrieft vnd ersuchung billich erschrocken, darumbe das sie wil beduncken, uwer maiestat wolle sie vnderstan, von iren frunden, den marcgrauen,
den sie nicht allein mit verschriebung, verbruderunge vnd
eynung hoch verschriebin, verlobt vnd verpunden, sundern
auch so mit manigfeldigen angesippter fruntschaft gewant sin,
zu dringen, des sie doch zu uwer maiestad ye keinen getrawen
habin. Sundern sich vil mer versehin, das uwer maiestat zu
besundern messefallen sin sollt, das von in solt geschrieben oder
gesagt werden, das iren glimpff oder ehren zu nahe rurett.
Durch der gemelten vnd ander vrsach willen, die vil zu lang
weren, uwern gnaden zu erzelen, dy uwer maiestat in irer er-
luchten vernunfft hoher ersynnen kan, wann wir ertzelen mochten, sein vnser gnedige herren billich groszlich vnd hoch erschrocken des ernstliches ersuchens. das in uwer maiestat in
der zugeschickten schrieft getan hat, vnd habin vns darumb zu

uwer maiestat geschickt, dieselbin mit allem vliess zu ersuchen
vnd zu bieten, anzuschin vnd in bedacht zu nemen den ge-
neygten willen, den die marcgrauen biszher zu uwer maiestat
getragen, wie getruwlich sie zu der fruntschaft, die zwischen
vnsern gnedigen herren vnd uwer maiestat geworchet vnd zu
dem ewigen vertrag, puntniss vnd eynunge, dorin sie mit
uwer maiestat, uwerm erbin, nachkomen und der hochwirdigen
cronen zu Bohemen sin, gedienet haben, auch die fruntschaft
vnd claren verstentniss, dorin vnser gnedige herren mit uwer
majestat komen sein, vnd den vnczwinllichen getrawen, den sie
zu uwer maiestat habin. Vnd wollet solche gestrenge furnemen,
die ir gegin iren frunden den marcgrauen furgenomen vnd angefangen habt, gnedigliclin abstellen vnd uch an den vsztregen,
die in der eynung, dorinn sie mit uwer maiestat vnd der cronen steen, vmb solch gebrechen, die uwer maiestat von uwer
crone vnd der uwern wegin gegin in hat, oder rechts vor vnserm gnedigen herren von in begungen, darzu vnser gnedige
herren irer vnd namlich des hochgebornen fursten marcgraff
Friderichs, wider den uwer maiestat vnnser gnedige herren
vmb hulff angestrenget hat, gantz mechtig sein, vnd ob sachen
zwischen uwern weren, dy an dem ende nach lawt der eynunge
nicht zu uerechten gehortin, durch vnnser gnedigen herrn vlis-
siger bete willen guediclich vnd gutlich gegin in finden lasse.
Ewer maiestat geruch auch zu bewegen, das die billickeyt etlicher masz das vff ir treget, wann, wiewol in der eynung vnd
puntnisz, so dy marcgraffen mit uwer maiestat vnd der cronen
vnd uwer maiestat vnd dy crone widerumb mit in hat, dauon
uwer maiestat in uwern schriften meldet, geschriben stet, das
ein teil den andern oder die sinen mit angrieffen nicht beschedigen vnd sin fihende husen sol etc. vnd ob das daruber geschee, wil sich doch nicht heischen, oder vsz billickeyt finden,
das mann sich des vnterstee, mit der tate vffzuhalden vnd
dorumbe zu krieg vfrure, fehden, angrieffen vnd fihintschaft zu
komen, dadurch plut vergiessen der christenmenschen, ver-
wustung der lande vnd vntetlich kriege erwachsen mochten.
Sundern gehoret sich der vsztrag in der eynung vnd nicht
die tat zu notwere dargegin zu gebruchin, vnd domit karung
vnd wandel zu erobern. Wann die eynung dorumbe gemacht
sein vnd werden, das kriege vnd vfrure sullen vermyden plieben, angesehin, das auch dorinn geschriben steet, das kein teil

mit dem andern sulle zu kriegen, vehde, fintschaft oder vffrure komen,

item ob ein teil mit dem andern zu schicken gewonne, wie es dorumbe mit vsztregen gehalten werden sulle, vnd das in den dingen ganz wol besonnen ist, das die fintschaft und der friede, der durch die eynunge zusampne ist gefuget vnd getragenn, nicht besteen mocht an die gerechtickeyt. Wan der friede vnd gerechtickeyt sein zwu swestern, die mogen an einander nicht gesin, wann der friede mag nicht gesin, wo die gerechtickeyt im nicht beifolget, das angesihn, das mancherlei ist, das zwischen die puntgenossen, die friede mit einander gemacht habin, vallen mag, das den frieden betrubet oder irret. Darumb musz von stund an die gerechtickeyt, dadurch einer von den andern rechtens vmb solch verwurcken oder betrubung des frieden, ab das geschyhet, bekomen mag, zu den eynungen, die werig sin sullen, vszgesetzt vnd bestymet sein. Das ist die notwere, der man sich in den eynungen gebruchen sol, als uwer maiestat in anfangen der zugeschickten schrieft gar tapferlich wieszlich vnd hoch vernuffticlich antzewhett, das ir durch friedes willen uch zu den fursten verpunden vnd vereynet habt. Vnnser gnedige herren bieten auch uwer maiestat, hinder sich zu gedencken vnd zu bewegen, wie grosslich das uwer maiestat gehohet vnd erweytert had, das dieselb uwer maiestat mit den umbsitzenden fursten sich fruntlich vnd gutlich vereynet vnd vertragen vnd sich irer hoen vernunfft in senfftmutickeyt gebraucht hat. Vnd sein an allen zwiuel, wo das uwer maiestat hinfur thun vnd sich mit solcher hertickeyt gegen in nicht ertzeigen wurde, es wurde noch nyrgent kein vffhoren doran sein, uwer maiestat vnd uwer erben in uast merrern gluckseligen, hohern, weitgriffigern vnd mechtygernn stant zu rucken; das dann etlichermasz dadurch vorhindert werden mocht, so man solch gestrengikeit, die uwer gnade den bewieset, dy mit allem vliess uwern gluckseligen stant geneyget vnd diustlich gewesen sein, an uch entzehin vnd versteen wurden.

Dieselbin vnsren gnedige herren bieten auch uwer maiestat zu hertzen zu nemen vnd nach billickeyt zu betrachten, das sie sich in besundern hohen vertrawen vnd gantz getruwer meynunge mitsampt iren frunden zu uwer maiestat mit fruntschaft, eynunge vnd ewiger verpuntniss gethan vnd verstrickt

habin, darumbe dan sie vnd ir frunde durch uwer maiestat
bei ireun furstenthumen vnd herlickeyten behalden wurden;
desglichen sie vnd ire frunde nach allem iren vermogen ge-
neiget sein, uwer maiestat dinstlich, hulflich vnd ratlich zu
sein, dadurch uwer gnade in regiment geruwlich gehalten,
uwern vnd uwer erbin stant vnd wesen erhohen vnd wiett-
greiftig machen mochten. Vnd wolle solch ernstlich furnemen,
gegen iren frunden furgenomenen, gnediglichen abfallen vnd
zurfuren laszen vnd also dorinnen handeln, das sie uwer maiestat
zugefallen sin mogen, wann in zu diesen ziiten nichts furfallen
mocht, das in vnleidlicher wer, dann das sie thun soltenn,
das uwer maiestat messefiel. Vnd wollen in vngezwifelten getrawen vnd hoffnung sein, uwer maiestat werde solch ire anbringen, das vsz lawter guter meynung geschucht, gnediglich vffnemen vnd sie dorinn erhoren; das wollen sie vmb uwer konigliche maiestat mit allem iren vermogen gern williclich verdinen.

Item vf der werbung sullen die rete die sachin lassen
ruhen vnd antwort fordern; vnd ab der konig das alles verachten vnd nicht zu herczen nemen wollt, solten sie im das
rechtgebot tun wie hirnach folget: Allergnedigster konig! So
uwer maiestat meynung ie nicht sein wil, vnnsern gnedigen
herren in irem vlissigen vnd demutigem ersuchen zu willfarenn,
das dann uwer maiestat gruntlich erkennenn moge, das in
nichts libers sin sol, dann alles billiches gegin uwer gnaden
zu suchen vnd sich uwers willens zu fliessen, vnd kein vrsache sich von in zubeclagenn zu gebin, so hat in uwer maiestat vnder andern rechtgeboten furgesatzt der sachin halbin,
dorumb ir sie in uwerer schrieft anfordert zu rechtlichem er-
kenntnesz vff ir selbs rete. Dasselb rechtgebot nemen sy vff
vnd wollen also uwern gnaden furkomen fur ir rete vnd da-
selbs in recht erkennen lassen, ob sie uch billich hulff vnd
beistant thun oder dem vsztrage vnd rechten nach lawt der
fruntlichen eynunge, dorinn sie mit uch sein, in der sachenn,
dorinn ir sie vmb hulff angetzogen habt, nachkomen sullen.
Vnd habin solch rechtbot von das das fruntlichst, slewnigst
vnd richtigst vsz allen rechtpoten in furgesetzt erlesen; vnd
hetten sie vsz allen rechtgeboten in furgesatzt ein rechtbot
erfinden mogen das richtiger slewnyger vnd vsztreglicher vnd
fruntlicher gewesen wer, wolten sie auch angenomen habin
vnd setzenn des uwern gnaden einen tag auf etc. etc.

Nachdem uwer gnade in der gemelten schrieft selbs
berurt, so man das recht verfasst, so sulle die tate billich
feyern, bieten sie uwer gnade auch die tate in der gemelten
sache gegin dem hochgebornnen fursten vnserm gnedigen
herrn marcgraf Fridrichin irem swager ruhen zcu lassen bisz
zu vsztrag desselben rechten vnd bieten hierin uwer gnedige
verstendige antwert, dornach sie sich gerichten mogen.

Das obgemelt rechtbote sol man vffnemen vnd fursetzen
vor den andern durch der hirnach geschriebin vrsach willen.
Czum ersten: darum, das es in der eynung nicht be-
stympt noch begrieffen ist. Wann die sache beruret dy eynung
nicht, angesehen, das die bruderschaft der marcgrauen in der
eynung vszgenomen ist.

Czum andern, so ist es vnsern liebin bruder vnd vns
gemesze vff vnnser rete zu rechten.

Czum dritten ist es billich, das wir fursten des rechtenn
sein vnd billich von vnsern reten bei recht pliben.

Czum virden, so mag es von dem konige nicht verslagen
werden, wann er hat es selbs gebotenn.

Czum funften, so ist es vsztreglich vnd slewnig vnd
fertiger, dann kein rechtgebote vns in der schrieft furgesaczt;
wann die sache ist so lawter vnd mit dem eynungsbrif zu
bewiesen, das kein lawgen dafur gehoret, das wir dem konige
in der sache hilff nicht schuldig sein, angesehen, das wir die
bruderschafft der marcgrauen in der eynung vszgenomen habin.

VII.

1461. 15. November. Lüben.

Markgraf Friedrich von Brandenburg an König Georg
von Böhmen: Während er seinem Bruder Albrecht zu Dienst
in Franken verweilte, seien zu ihm mit des Königs Credenz
Otto von Sparneck und Paul Rudusch aus Eger gekommen
und hätten ihm die ‚Lösung‘ des Landes Lausitz verkündigt;
die Bezahlung werde auf Simonis und Jude zu Luckau erfolgen. Er habe ihnen erklärt, dass er sein Geld gern nehmen
werde. So wie er aber auf dem Heimwege gegen ‚Dhame‘
gekommen, nahe an der Lausitz, um nach Luckau zu gehen,
da seien ihm durch seine Räthe des Königs Fehdebrief und

die Meldung zugekommen, der Sternberg liege vor Kottbus, ‚das vns ein vnwonliche beczalung däucht'. Der Markgraf rechtfertigt sich in allen Punkten gegen die Anschuldigungen des Königs und erbietet sich zu Recht vor dem Kaiser, den Herzogen von Sachsen, dem Collegium der Kurfürsten und sonst ihrer beider Herren und Freunde. Bittet um ‚ein gutlich beschriben antwort'. Datum: Lobbin 1461.

Orig. Cop. im grossherzogl. und herzogl. Gesammtarchiv zu Weimar, Reg. C. p. 2. Nr. 2. fol. 17—18.

VIII.

1461. 23. November. Luckau.

Prälaten, Herren, Mannen und Städte der Markgrafschaft Lausitz an Kurfürst Friedrich von Brandenburg: Sie seien, wie die beiliegende Copie erweise, vom Könige von Böhmen gar ernstlich ermahnt worden, ihrer Pflicht gegen die Krone zu entsprechen. Der Markgraf wolle es nicht in Ungnade aufnehmen, wenn sie sich an den König halten, als ihren Erbherrn, und an die Krone; sie schrieben hiemit ihm, als einem Vogte der Lausitz, ‚den Gehorsam ganz ab'. Gegeben zu Luckau am St. Clemenstage. Heinrich, Abt von Dobirlug von den Prälaten, Wenzel von Biberstein und Botto von Ilburg von den Herren des Hofgerichtes zu' Kalau, sie alle Herren zu Lausitz.

Copie ebendort, fol. 19.

IX.

1461. 27. November. Schlan. — *Bericht der Räthe Kurfürst Friedrich II. und Herzog Wilhelms von Sachsen über ihre Verhandlungen zu Prag (vom 23.—26. November), die Abtretung der Lausitz von Brandenburg an Böhmen betreffend.*

Orig. im grossherzogl. und herzogl. Gesammtarchiv zu Weimar, Reg. C. p. 2. Nr. 2. fol. 21—29.

Irluchter hochgebornner furst! Vnnser willige vndthenige dinst uwern furstlichen gnaden mit getruem vliess voran willig; gnedigster herr! wir sin an vorgangen Sontag her gein Prage komen vnd haben mit sampt dem obermarschalg souil vlies

angekeret, das wir des sontages ¹ darnach furkomen vnd verhoret worden sein vnd nachdem uwer gnade dem obermarschalg, die ding zu handeln vnd nach dem besten furtzunemen,
das dann von vns allen also geschcen ist, beuolhen, hat er
geworbenn vnd vns von uwer gnaden vnd uwers bruders
wegen verfenglichen bedaucht, das man vor konge brecht,
wes, woran vnd vf wen er sich rechts oder fruntschaft gein
vnsern gnedigen herrn marcgraff Friderichin wolt guugen
laszen, dann das man im hett furgesaczt, das bede uwer gnaden, recht vor in geboten hetten, dann wir habin in dieser
vnnser gethanen werbung dannoch wol gemercket, das er vn-
gedrungen sin wil. Auch so sein mer wol im rate bei im, vnd
ob er gliche vf einer guten meynung wer, er wurde dauon
bracht als uwer gnade in keinen wol vernemen sol. Vff solch
werbunge ist vns antwort worden als das alles uwer gnade
stuckswiese hirinnen vernemen wirdet, demutiglich bietende,
vns nicht zu verargen, dann wir uwern gnaden die botschaft
nicht ehr haben tun mogen, das wollen wir mit allem gehorsam verdinen.

Vnnser werbunge.

Vnser gnedige herren bede von Sachssen enbieten uwern
koniglichen gnaden ir fruntliche vnd willige dinst, vnd das
es uwern gnaden in allen sachen vnde gesuntheyt uwers leibes
wol zu stunde, das horten sie gerne. . . Daruf dulmatzscht er
Jobst: Sein koniglich gnade danckt uwern gnaden des sere!
Vnd nach vbergebin der credentzien redet er Jhan von Slinitz
also: Allergnedigster her! Nachdem uwer konigliche gnade
beden vnsern gnedigen herrn von Sachssen geschrieben hat
der gebrechen halben zwischen uwern koniglichen gnaden vnd
dem hochgebornen fursten vnnsern gnedigen herrn marggraue
Fridrichen von Brandenburg mit vermanung, uwern konigl.
gnaden wider denselben marcgraff Friderichen zu helffen,
solcher schrieft, nachdem uwer gnade die sere hoch gein
vnsern gnedigen herren angezogen had, dieselbin vnsern gnedigen herrn hohe beweget vnd zu hertzen genomen haben.
Vnd als nvn bede unser gnedigen herren vf solche uwer
schrieben vnd vermanung uwern koniglichen gnaden zuge-

---

¹ Soll heissen ,montages'.

schrieben haben, uwern gnaden ir fruntlich meynung zu erkennen zu gebin, das had sich vertzogen vnsers gnedigen
herrn hertzog Wilhelms halbin, der dann etliche ziett nicht
inlendisch gewest, auch dornach etlicher tage halben ver-
hindert ist worden, das bede ir gnaden ir rete nicht eher
haben geschicken mogen. Vnd haben vns als sendpoten zu
uwer koniglichen gnaden gefertiget, dieselben uwer gnade mit
allem vliess zu ersuchen vnd zu bieten, anzuschin die fruntlich
eynung, dorinn uwer gnade mit vnsern gnedigen herrn vonn
Sachsen vnd auch mit vnsern hern den maregrauen sitzen,
zusampt dem geneyten willen, den die maregrauen von Brandenburg zu uwern koniglichen gnaden getragen, auch dinst
vnd fruntschaft, den diselben maregrauen uwern gnaden
getan haben vnd noch vntzwinellichin thun werden, solch gestrenge vurnemen, die ir gegin denselben von Brandenburg
furgenommen habt, obzustellen vnd uch an recht gein in
gnugen lassen. Dann uwer koniglich gnade ist denselben vnsern
gnedigen herrn von Sachssen hoch vorwant, deszglichen die
maregrauen iren gnaden auch sein, uch auch allerseits mit
hoher fruntschaft solchermass zusampne verstrickt habt, alsdann uwer gnaden uwer tochter vnnsers gnedigen alden herrn
sone vnd wideruber vnser gnediger herr hertzog Wilhelm sin
tochter uwern son geben hat. So had der maregraff vnser
gnedigen herrn von Sachssen lipliche swester, also das ir
zwischen uwer aller nicht hoher fruntschaft mocht gemacht
werden. Vnd deszhalbin so wer solch irrnis vnd sunderlich
solt uwer koniglich gnade das furnemen anders vnd harter
gein den maregrauen anstellen, dann gereit gescheen ist vnser
gnediger herrn nicht liep; vnd vff das solch Irrniss zwischen
uwer aller mochten zufuret werden, dorin dann beder vnser
gnediger herrn guter vliess vngesparet pliebcn sollt, haben sie
vns daruf uwern koniglichen gnaden etlich wege furzuhalden
befolhn, dy sie dann zu uwern gnaden vffzunemen stellen.
Vnd sin di wege, die sie dann vff das allerfruntlichst bewogen
haben: Zuerst, ob uwer konigl. gnade gesynt wer vnd gefallen
wollt der gebrechen, die uwer gnade mit dem maregrauen
hat noch lawt der eynunge, dorinn sie mit uwern koniglichen
gnaden vnd der cronen zu Behem sitzen, zu usztrag zu komen.
Oder aber, wo uwer gnaden das nicht gefallen wollt, derselbin
gebrechin mit dem maregrauen zu usztrag zu komen vf bede

vnser gnedige hern von Sachsen. Aber wo uwer konigl. gnade
der keins gemeynt were, dann beden vnsern gnedigen herren
zcu vergonnen, der gebrechen gutlichen handel zu habin, zu
versuchen laszen, ob sie die zwischen uwer allen als den
frunden gutlich zu furen, hingelegen oder vff andere wege,
domit allenthalben plut vergiessen vnd verderbin der lande
gemyde . plibe, bringen mochten. Vnd uwer (sic) gnaden habin
den vertrawen vntzwiuellich, uwern konigl. gnaden wurde in
des nicht versagen sundern in gennen dorinnen zu handeln,
angesehen, das sie sich in disen dingen gar vffrichtig gehalden
vnd keinem teil weder hulff rate oder zuschube getan habin.
Das wellen ir gnaden vm uwer konigl. gnade gern verdinen,
und bieten hiruff ein gnedige antworten, dornach sich vnser
gnedigen herrn zu richten habin.

Antwort des koniges durch ern Jobsten.

Als ir von wegin beder uwern gnedigen herren von
Sachsen an vnsern gnedigsten herrn den konig geworben habt
vf die geschrieft, von siner koniglichen gnaden an sie getan.
dorinn er sie vermanet had, im wider marcgraff Friedrichin
von Brandenburg zu helffin vnd in bietet sin koniglich gnade
solch gestrenge furnemen gein den marcgrauen abzustellen,
angesehin, wie sie vnder einander verwant sein, darinn myne
gnedigen herren von Sachsen so solch irrnis nicht liep, wie
nu das in uwern worten gelawt hat also spricht vnser gnedigster herre der konig vnd antwort zu dieser ziet: Er versehe sich anders nicht zu myns gnedigen hern von Sachsen
darinnen, [dann] alles guten, vnd sin koniglich gnade sei nicht
allein sie vmb hulff zu ermanen bewegt worden zu schriben,
sundern auch dorube, das sie ein verstentniss machten ge-
haben, wie vngeburlich sich marcgraff Fridrich gein sine
konigliche gnaden anstellt. Vnd vff das ir des auch ein wissen
gehabin moget, so ist vormals das marcgraffschaftum zu Lusitz
Hansen von Polentz von kaiser Sigmundt seligin vor ein sum
geldes als einen voyt verschrieben vnd verpfendet gewest, von
des kindern das marggrafschafthum durch marcgraf Fridrich
bracht ist mit verwilligunge vnsers herrn des koniges. Daruff
habe sin konigliche gnade an den marcgraue gesynnen laszen,
im der ablesunge nach lawt der gemelten verschriebunge

zugestaten, sein gellt, nemlich sieben tausend vnd viij^c schog,
zu nemen, vnd ym der maregraffschaftum zu Luszitz als ein
voyt vnd wie das dann derselbe von Polentz innegehabt habe
mit allen sinen zugehorungen abzutreten. Das sich aber maregraff Fridrich biszher gewehret vnd sich gein sine kon. gnaden widersetzig gemacht hat; darumb vnd auch vmb willen
der gerechtickeit, dy der von Sternberg an Cotbus habe, das
dann derselbe von Sternberg an maregraf Fridrichen auch
nicht had bekomen mogen, sej sin kon. gnade von demselben
maregraf Friedrichen zu einer notwer gedrungen worden mit
vfflegung etlicher scheden vnd kostunge vber das, als derselbe
maregraf Friedrich zu Culmnach zugesagt habe, sine kon.
gnaden der vogthie der maregrafschafthumer losung zu gonnen
vnd sein gelt zu nemen. Aber vnser herr der konig merckt
wol, das der maregraf das marggrafschafthum zu Luszitz mit
sinen zugehorungen mer wiesz zu genissen, dann des geldes,
das er daruff habe; im sei auch das maregraffthum lieber,
dann der konig. Diweill dann sin konigl. gnade also von im
gedrungen werde, so geburt im wol ernstlicher dann vor dawider zu gedenken vnd meyn, das er das nicht vnbillich thue.
Vff die drie wege, vnsern gnedigsten herrn dem konige furgehalden, wil sich sein koniglich gnade mit siner frunde rete,
vnd sinen reten den herren der cronen, nachdem das auch dy
cron berurt, bedencken vnd uch zu siner ziett antwort gebin.

Daruff redt er Jane: Allergnedigster konig! Do uwer
koniglich gnade vns durch ern Johsten vf vnser werbung hat
antworten lassen mit infarunge etlicher stucke, dorin sich
vnser gnediger her maregraf Fridrich gein uwer kon. gnaden
solle verwurcht haben, danon ist vnsern gnedigen herrn von
Sachssen in uwern schrieben keins gemeldet. Aber vnser
person halbin ist nicht zwiuels, wann die ding zwischen uwer
kon. gnaden vnd dem maregrauen zu tage queme, als wir getrawen, uwern gnade vnsern gnedigen herrn nicht versagen
werde. Erfunde sich dann, das der maregraf ichtes vnbillichs
wider uwer koniglich gnade vnd uwer cronen vnd dy verschribung gethan hett, er solle sich wol wiesen laszen, sich
aller billichkeyt nach lawt derselbin verschribung gen uwern
gnaden zu halden vnd bieten alsuor, uwer konigl. gnade wolle
solch uwer gestrenge furnemen gnediglich abstellen, vnd vns
ein gnedige antwort gebin.

Antwort er Jobst: Vnnser allergnedigster herr der konig
spricht, das sich die ding alle nach der schrieft minen gnedigen herrn von Sachsen getan, begebin habin, vnd sin kon.
gnade wolle im vff die drei wege ein bedencken nemen vnd
uch antwort gebin.

Am dinstag sand Kathrin abend (24. November) had der
konig vff ersuchung, an ern Johsten gescheen, nach dem mar-
schalg gesant; der had schenck Burchard mit im genomen
vnd allein mit dem konig gehandelt.

Allergnedigster herr! Als wir uwern koniglichen gnaden
am sontag von beden vnser gnedigen herrn von Sachssen der
gebrechin halbin zwischen uch vnd vnsern gnedigen herrn
marcgraf Fridrichen, domit ir von beden teilin derselben gebrechin gutlich vnd fruntlich mechtett abgetragen werden, drei
wege furgehaldin habin: also darff mein konigliche gnade
nicht furhabin, das solch vsztrege oder gebote durch marcgraff
Fridrichen an vnser gnedigen hern getragin oder furgebin sei,
furder an uwere konigliche gnade zu bringen. Dann vnser
gnedigen herrn haben solch wege durch vns als ir sendpoten
als von in selbs vnd in guter wolmeynunge uwern kon. gnaden
fursetzin laszen, als die, die irrthume vnd vnwillen zwischen
uwern kon. gnaden vnd den marcgrauen als iren frunden
nicht zue schin. Vnd uwer gnade sol in warheyt glawbin, das
vnser gnedige herren von Sachsen vmb ny nicht anders von
marcgraf Friedrichin ersucht sein wordenn, dann vmb hulff,
inmassen sie der einer dem andern zu thunde nach lawt irer
aller fruntschafft verschrieben ist; die aber vnser guedige
herren vntzher fruntlich vorhalden habin, in getrawin, uwer
konigl. gnade wirdet vns vf die furgehaltenn wege gnedige
vnd gutige antwort gebin vnd uch in den dingen gute williclich finden lassenn.

Doruff dulmatzscht er Jobst: Vnser allergnedigster herre
der konig spricht: Er verstehe, das vnsere gnedige herren von
Sachsen das in wolmeynung thun, vnd sin konigl. gnade wolle
vns in kortz gut antwort gebin.

Also had er Jhane furder geredt: Allergnedigster konig!
Als ich nechst etlichs handelsz halbin von myns alden gnedigen herrn wegin mit uwern konigl. gnaden allein geredt
habe, dabei dann nymant gewest, dann er Benysch Weit-

moller[1] von uwern gnaden als ein dolmatzscher gezogen vnd
mit glubden verstrickt ist, doruff ich dann abschiett von uwer
kon. gnade genommen, der solchs zusampt uwern guten willen,
den ir deszmals auch dorzu hettet von uwern gnedigen herrn
an mynen gnedigen herrn hertzog Wilhelm, so palde er wider zu
lande quem, solt gelangen: Daruff haben sich bede myne gnedigen herren von Sachsen zu hawff versampnet vnd dauon gehandelt, dabei dan ir beder gnaden nymand von iren reten
gezogen habin, dann schenck Burcharten, mynen frundt vnd
swager, vnd mich, das dann also hinfurt vnzwinellich in gut
geheim pliben wirt. Also had mein gnediger herr hertzog Wilhelm dorinn auch ein gut gefallenn; vnd sein gnade erbewtet
sich, worinn er mitsampt sinen bruder helffen vnd raten moge,
das uwer konigl. gnade vnd uwer erben geeren, gehohen vnd
gefurdern moge, des sei er willig vnd geflissen, inmassen ich
das dann von meinem gnedigen alden hern wegin uwern
konigl. gnaden vor zugesagt vnd geworben habe; vnd biten
uwer gnade, das zu hertzen zu nemen, domit sie ir frunde bei
in vnd auch mit sampt denselbin iren frunden uwern konigl.
gnaden vnd uwern kindern desto furder dinst gethun vnd bei
herkomen behalden mogen. Vnd bieten uwer konigl. gnade,
diese vnd die fordern rede, die wir mit uwern konigl. gnaden
offinbarlich gehabt habin, von vnsern gnedigen hern in gut vnd
fruntlich zu versteen.

Daruff dulmatzscht er Johst: Vnnser gnedigster herre der
konig spricht: Er dancke des vnsern gnedigen herren von
Sachsen, sinen swehern, sere, vnd verstee das sie das wol
meynen; er wisse auch wol, das sie sein vnd siner kinder hohung
gerne sehin, er wolle das, so das zu siner ziett kompt, gerne
vffnemen, furder mit in darusz handeln vnd deszglichen
wiederum thun.

Vff sand Kathrin tage (25. November) vor mittag ist vns
in vollem rate antwort worden vnd durch ern Johsten gedul-
matzscht:

Vnnser allergnedigster herr der konig spricht, das ir von
wegin mynen gnedigen herren von Sachssen der gebrechin
halbin zwischen vnserm gnedigsten herrn dem konig vnd marcgraf Fridrichen von Brandenburg an sein kon. gnade geworben

---

[1] Benesch von Weitmühl, Unterburggraf zu Karlstein.

vnd drei wege, daruff dann vnser herre der konig derselbin
siner gebrechin zu ustrag komen sollt, furgesetzt habe. Spricht
vnser allergnedigster herre der konig, er wolle anschin die wolmeynung siner swecher vnd denselben als sinen frundenn vergonnen, eins gutlichen handels zwischen im vnd marcgraf Fridrichen zu habin.

Daruff redet er Jhane: Allergnedigster herre! als uwer
koniglich gnade vns antwort hat gebin lassen, wie er der
gebrechen zwischen uwern gnaden vnd marcgraff Fridrichen
vnsern gnedigen herrn von Sachsen vergonnen wollt als uwern
frunden gutlich handels zu habin, sol uwer gnade glawbenn,
das sie solch schicken gar in guter vnd wolmeynung gethan
habin, als die, den solcher irthum nicht liep ist vnd so nu
uwer gnade vnsern gnedigen hern von Sachsen also des gutlichen handels verfolgen wil, geburet sich wol, das man von
beden teilen dazwischen einen anstand mache vff gerewin zieht.
Dan solt man gutliche handel vnd tege halden vnd dannoch
in fehden gein einander plieben, so mochten sich dabynnen
sachen begeben, die man swerlicher zu rechten habin wurde,
dann die hauptsachen, vnd bieten uwer konigliche gnade das
von vns im besten vffzunemen.

Daruf nam der konig ein bedencken, hiesz vns vsztreten
vnd schickte zu vns hern Hasen, her Gindrzig von Plawen,
herrn Koszki, herrn Toryschko, ern Gindrzich von Colowrath
vnd ern Johsten.

Vnd er Johst redt: Vnser allergnedigster herr der konig
spricht: Als wir an sin koniclich gnade gesonnen hetten, eins
gutlichen anstants mit vnsern gnedigen hern marcgraf Fridrichen zu liden, also wolle sein kon. gnade des vnsern gnedigen herrn von Sachsen zu willen gern verfolgen der ge
brechin halbin, die sich vormals zwischen in verlauffen habin.
Aber vmb das land zu Lusicz wolle er keinen anstant lieden,
vnd nicht desto mynder darnach als nachdem siner zu gedencken vnd es mit den sinen darinn sitzen zu halden. Dorin
im marcgraf Friderich nicht reden sulle, als er im des selbs
vnd der cronen zu Behemen schuldig ist vnd in denselbin gutlichen steen tag warten, also das im die in kurtz benant vnd
gesazt wurden.

Daruf antwort er Jhan: Lieber herre! Vnsers gnedigsten
herrn des konigs meynung, vns wider furgehalden, das sin

gnade einen anstant mit vnsern gnedigen marcgraf Fridrich
liden wolle, wo wegin der gebrechin, sich vormals zwischen in
verlawffen vnd nicht von des lands zu Luszitz wegin, vnd
sin konigl. gnaden meynung ist nach dem lande zu Luszitz
zu gedencken, vnd es ·mit den sinen dorinn sitzende zu
halden als ingebure, dorin im marcgraf Fridrich nicht reden
sulle etc.: Also sullet ir vns warlich glaubin, was wir vnsern gnedigen herrn dem konige angetragen habin, das das von vnsern
gnedigen herrn von Sachssen in gantzer lawter guter meynung
geschucht vnd dorumb keins von marcgraf Friedrichen ersucht
oder gebeten sein. Vnd ir gnaden sehen die ding villiber in
fruntlichem standt dan anders, vnd bieten uch, ir wollt vnsern
gnedigsten herrn den konig vnd vnser gnedigen herrn von
Sachssen wegen bieten, inmassen sein kon. gnade in vnnser
werbung verstanden hat, vnsern gnedigen herrn von Sachsen
zu gonnen, in den gebrechen allen gutlichs handels furzunemen
gein marcgraff Fridrichen, nicht wiether grieffen, dann gereijt
gescheen ist; desglichen margraff Fridrich auch tun sollt. Dann
sein kon. gnade solle an zwiuel sein, wann es zu tagen qwem,
der sich vnser gnediger herre zu setzen in kurtz vlissigen solten, ir gnaden werden sich ie dorinn nicht anders halden oder
erfinden lassen mit ankeren ires hohstenn vliess, dann als die,
den allersijt vnwillen nicht liep ist. Ir konnet auch wol
mercken, solten vmb ein sachen anstende gemacht werden vnd
die andern in vnwillen plieben, so wer swer teydingen; wir
besorgten auch, das solchs von marcgraf Fridrichen vbel zu
erlangen wer. Vnd bieten uch, solchs von vns als sendpoten
vnser gnedigen herrn gutlich vfzunemen.

Das haben sie anbracht, sin widerkomen vnd er Johst
redet also: Vff uwer meynung lest uch vnnser gnedigster herre
der konig wider sagen: Er verstee nicht anders, dann das vnser
gnedige herrn von Sachsen vnd ir als sendpoten die gebrechin
gerne gut schin vnd vf das das ir versteen moget, was der
gebrechen sein, dij vnser gnedigster herre der konig zu marcgraf Fridrichen habe: So hat er vormals hertzog Heinrich vom
Sagan [1] mit vehden vnd anderm vnbillichem beschedigen vnd
vast hoch gedrungen; das andere, das er hertzoge Balthasarn
huset vnd hofet wider vnsern gnedigsten herrn den konig vnd

---

[1] Soll heissen ,Glogau‘.

dij cronen. Das dritt, das er sich vnsern herrn dem konige
zu hon vnd such einen vrteil fur vnsern gnedigsten hern den
romischen keiser beruffen hat, dorumb er ponfellig ist v^c
lotigi marg goldes. Das virde, das er vnsern herrn dem
konige ablesung zugestanden, zu enpoten habe, vnd sein gelt
zu nemen, das er im nu abfellett. Dorumbe, so ist vnsers
gnedigsten herrn des koniges meynunge, wann im vnser herr
der marcgraf das marggraffschafthum zu Luszitz, das er nicht
anders dann als ein vogt innhabe, abtrete, im domit vnd auch
die sinen dorinn sitzende zu thun lasze als sich gebure, so wolle
er den anstant im die marg als sin erblant zu verschonen gern
lieden; dann gutlichs handels zu verfolgen vnd erkennen laszin,
ob sin kon. gnade im das gelt gebin sulle, vermocht desto
mynner zugedencken mit der marggraffthum zu Luszitz vnd
mit den sinen dorinn sitzende zu thunde als mit dem sinen,
inmassen im das dann von sinen vnd der cron wegin wol zu gebure.

Dawider redt er Jhan: Vnnsers gnedigen herren des
konigs meynung, vnd was er wider vnsern gnedigen hern marcgraf Fridrich tettet, hetten wir wol vernomen. Aber vns
dorinn nicht zu vermercken, so wollt vns beduncken, das vnsern gnedigen herrn marcgraff Fridrich gar swer wurde, des
landes Luszitz abzutreten im das inzugebin, sines geldes zu
enperen, erst fruntlichin handel dorinn zu thunde vnd zu erkennen laszen. Wann das also geschee, so missebraucht der
marggraf sine brieff, die er von siner koniclichin gnaden vnd
von sinen vorfaren hett; wann es ist verschinlichen, dy brieff
hilden innen, des landes nicht ehr abzutreten, er sej denn sines
geldes bezallt. Vnd bieten alsuor, vnsern gnedigsten herrn den
konig zu bieten, solch vnmogelich wege nicht fur memen, sundern vnser gnedige herrn von Sachsen in den dingen angesehin vnd in in den gebrechin allen gutlichs handels zu folgen,
auch nicht wiether zu grieffen, dann gereijt gescheen ist; dann
vnser gnedige herrn von Sachsen das in guter meynung suchen.
Vnd wir von irenwegen bieten uch auch, ob wir in den dingen
icht zuuil redten oder gebrucht hetten, des wellet vns vnderwiesen, so wollen wir dorinn gerne dulden.

Da wart anbracht, vnd wider gesagt, der konig wollt im
nicht anders tun.

Am donrstag (26. November) nach Katherine frue vf anbringen ern Johstes, das wir den konig gesegin vnd vrlaup

nemen wolten, schick der konig nach vns. Vnd er Jhan macht den anfang in geinwertickeijt herrn Hasen, des cantzlers [1] vnd ern Johsten.

Allergnedigster konig! Was uwer kon. gnade vns vff
vnnser gethan werbung antwort gebin hat, habin wir, als wir
hoffen, wol behalden; wollen auch das an bede vnser gnedigen
herrn von Sachssen bringen. Aber wir hetten gut vertrawen
gehabt, uwer gnade sollt in den dingen vnser gnedigen herrn
von Sachssen angeschin vnd in vergonnet habin, zu handeln,
nach dem sie das als got wol weisz in guter meynung tun, vff
das irrenisz zwischen uwer aller nicht hett wither dorffen in-
rieszen. Vnd bieten uwer kon. gnade, vns zu vrlawbin; wil
vns auch uwer gnade ichts befelhen, das wollen wir vffnemen
vnd gerne werbin.

Dulmatzscht er Johst: Vnser gnedigster herr der konig
spricht: Im zwifel doran nichts, ir habt siner gnade antwort
wol behalden. Aber nach gestalt der dinge, so wisse er zu
dieser zitt nymants, es sei vnser allergnedigster erre der keiser
oder ander, dem er als liep oder lieber vergonnen wollt, als
vnsern gnedigsten herren von Sachssen, in den dingen zu han
deln, wiewol die kaiserlichen rete, die itzt hie sin, auch dornach arbeyten; dann er getrawet in vor andern. Aber sin konigliche gnade lasz es zu dieser ziett bej der antwort pliben.
Vnd do wirs nicht fur bringen mochtenn, wolten wir vrlaup
nemen. Sagt er Johst: Er Hase vnd ich wollen mit uch reden,
vnd mit uch hinusz gehin.

Das geschahe. Also redt er Johst: Er Hase lisz vns
sagen, er hett sich allwege geflissen, nach dem er ny anders
dann gnade vnd guten willn von vnsern gnedigen herrn von
Sachssen vnd von Brandenburg funden vnd gehabt hett, denselben iren gnaden zu dienen; vnd wost got, das ym solch
irniss nicht liep wer, vnd wer die warheyt, das myn herre der
maregraf dem konige geschrieben, vnd sich der sachen aller
vf bede myne gnedigen von Sachssen vsztrages erboten hett,
wiewol im rat beslossen wer, die antwort vns gegeben. Das wer
gescheen der vrsach halbin, das vff sant Andres tag (30. November) ein landtag zu Prage sein sollt, dahin dan die herrn
vnd lantschaft alle quemen, das ander, das sin konicl. gnade
itzt dy sinen gein Luckaw geschickt het. Ob wir nu icht

[1] Prokop von Rabenstein.

wege fur hetten, domit vnser herr der konig vff ein ander wise
zu bringen wer, darzu wolten sie irs vermogens gerne holffen.
Daruff redt er Jhan: Die meynunge, vns furgegeben, zusampt irer erbietung hetten wir wol vernomen. Aber wir hetten
gemeynt, vnser gnedige herrn von Sachssen solten dorinnen angesehin sin worden vnd verfolget habin gutlichs handels; vnser
gnedigster herr der konig wer daunoch sines furnemens nach
vszgang des gutlichin standes, den wir gesucht hetten, desto ferner
nicht gewest. Vnd bieten sie anzusehen, wie allersyt dy herrn ein
ander vorwant sin zu helffen, das die ding noch zu eynen gutlichin
tag vnd anstant mochten bracht werden, plutvergieszen, verderben
der laude vnd mancherlej nachrede dem konig zu vermyden. Also
sagt er Johst: Ilettet ir macht, einen tag zuzusagen, das wir in
das zu versteen gebin; so wolten sie das anbringen vnd mit
allem vlies versuchen, ob der konig darhinder zu bringen wer.
Daruff bedachten wir vns vnd bewugen, soltin wir diewil
der margraff dy ding alle vf bede vnnser gnedige herrn von
Sachsen geboten hett, also abscheiden vnd das sich die ding
ferner inriessen wurden, das wer nicht gud. Vnd hielden in
vor. Mocht es dohin bracht werden, das vnnser gnedigster herr
der konig eins gutlichin tages drie wochen vor Vastnacht
(7. Februar) vnd eins gutlichin anstants bisz nach Ostern verfolgen wollt, doch vff anbringen vnser gnedigen herrn von
Sachssen, so wolten wir ferner mit in dauon handeln.
Das wart also anbracht, vnd er Johst sagt vns wieder:
Wiewol die antwort vor, als wir gehort hetten, beslossen vnd
nicht zu andern wer, dannoch vnsern gnedigen herrn von
Sachssen zu eren, so wollt vnser gnedigster herre der konig
eins gutlichin tags verfolgen vff sontag nach [Epiphania] domini
schirsten zu Bruxn zu sein. Des wir dann also beslossen vnd
ingangen sind, alles vff uwern gnaden wolgefallen, als uwer
gnade im anlasz haben vernemen wirdet. Vnd habin das zu
dieser ziett nach aller gestalt der lewft, als uwer gnade zu
vnsern inkomen vernemen wirt, nicht wiether bringen mogen,
sin also nach dem beslies von im gangen vnd vrlaup genommen, wollen vns auch bei uwer gnade fugen, so wir erst mogen;
vnd befelhen vns hirmit uwer gnaden. Gebin vnter meinen
schenk Burcharts pitzschaft Slaen [1] vff frijtag nach Katherine

---

[1] Schlan.

virginis anno etc. lxi^{mo.} Burchart Schenck herr zeu Tutenberg
vnd Gunther Zilchender.

Gnedigster herr! Vns hett wol geburt, das wir uwern
gnaden ehr solten botschaft getan habin; so begabin sich die
ding im handel so weytlewftig vnd wurden als dick geendertt,
das wir uwern gnaden nicht schriebin wolten, wir hetten dann
einen grunt. So haben wir auch etliche zietung, dieser vnd ander
lewft halbin, die sich dann vber fellt nicht wol fugen zu
schrieben; sundern verhalden dy bisz zu vnsern inkomen, demutiglich bitende, das also von vns nicht erglicher zu vermercken. Das wollen wir mit allem gehorsam vmb uwer furst-
lich gnade verdinen.

X.

1461. 26. November. Prag. — *Anlas zu Prage beteidingt anno etc.*
lx primo.

Copie im Hauptstaatsarchiv zu Dresden, Cop. 1317, fol. 270a.

Zeu wissen, das uff hute dato disser zeedeln von wegen
der krige vnd gebrechen zwischen dem durchluchtigstenn fursten vnserm gnedigsten hern hern Jorgen konig zu Behem,
marcgraven zu Merhern etc. vnd dem hochgeborn fursten hern
Fridrichen marcgraven zu Brandemburg kurfursten von den
edeln vnd gestrengen hern Zwincken von Hasemburg, obirsten
lantrichter der cron zu Behmen, hern Prokopen hern zum
Rabinstein, canzler des konigrichs vnd hern Jost vom Einsidel
ritter secretarien etc., hern Burkart schenck hern zeu Tutemburg, hern Jan von Slinicz obermarschalg ritter vnde Gunter
Zilchendorffer secretarien als sendbotenn der hochgeborn fursten
vnd hern hern Fridrichs vnd herrn Wilhelms gebruder, herczogen zeu Sachssen, lantgraven in Doringen vnd marcgraven
zu Missen, vnser gnedigen hern, beret vnd beteidingt ist.

Also das vnser gnediger herre der konig den gnanten
vnsern gnedigen herren von Sachssen als siner koniglichen
gnaden frunden zeu eren eins gutlichen tags zeuverfolgen zugesagt hat, der tag dann zu Brex in der stat uff montag nest
nach der heiligen drier konig tag sol gehalden werden uff die
nacht da zu sin, dohin dann vnser gnediger herre der konig
personlich, auch herczog Fridrich von Sachssen oder herczog
Wilhelm oder aber wo herczog Fridrich nicht komen mochte

dann sine sone einer an siner stat mit sinen reten mitsampt herczog
Wilhelm vnserm gnedigen hern komen vnd mit yn marcgraven
Fridrichen bringen sullen, dorczu vnser gnediger herre der konig
fur sich vnd alle die sinen vnd die gancze cron zu Behmen dem
gnanten marcgrave Fridrichen vnd den sinen zcu vff vnd von
dem tag bisz wider an sin gewarsam mit sicherm vngeverlichen
gleite nach aller notturft versorgen sal, doselbs zcuversuchen,
ab solch gebrechen, darumb die hern von allen teiln zcu krige
vnd zuspruchen komen sin, gutlich hingelegt muge werden.
Dorczu ist nemlich abgeret, das vnser gnediger herre herczog
Wilhelm von hute dato vber dry wochen, ab anders das nicht
ehr gesin mag, vnserm gnedigen hern dem konige zcuschriben
sal, ab er uff sulchen tag komen vnd den furgang haben lassen
wulle vnd so er das also zcugeschriben hat, von demselben tag
aldann sin briff vnserm gnedigen hern zcukomen ist, dornach
in acht tagen so wil vnser gnediger herre der konig einen gutlichen anstant vnd friden mit marcgraven Fridrich, auch allen den
sinen, vnde von beiden teyln iren landen vnd luten halden vnd liden,
der dann furder wehren sal bisz acht tage nach dem abescheit
des tags zu Brux, ab anders die ding zcewischen yn nicht gutlich
gericht werden, getruwelichen vnd ane geverde, doch also, das
in dem zcuschriben des tags von vnserm gnedigen hern herczog
Wilhelm auch berurt vnd zcugeschriben werde, das marcgrave
Fridrich fur sich, alle die sinen, auch sin land vnd lute sulchen
anstant auch halden wulle, inmassen das vnser gnediger herre
der konig zcuhalden gereyt zugesagt hat, wie vorgerurt ist ane
geverde.   Geschen vnd geben zu Prage uff dornstag nach
Katherine anno etc. lxj^{mo.}

XI.

1461. 3. December. Mühlhausen.

Herzog Wilhelm von Sachsen an seinen Bruder Kurfürst
Friedrich: Erbittet sich die Antwort des Markgrafen, einen
eventuellen Tag zu Brüx auf Sonntag nach heilige drei Könige
1462 (11. Januar) betreffend, um sie sofort dem Böhmenkönige
zuzumitteln. Er selbst habe sich vom Landtage zu Weissensee
nach Mühlhausen begeben und dort Landgraf Heinrich von
Hessen getroffen, der nun die Erbeinung gelobt und beschworen

habe, was vordem nicht der Fall gewesen sei. Der Kurfürst
solle ihm Nachricht nach Weimar senden; doch gehe er den
nächsten Sonntag über acht Tage (13. December) nach Nord-
hausen, zwischen Landgraf Heinrich von Hessen und Herzog
Wilhelm von Grubenhagen zu vermitteln. Donnerstag nach
Andreas.

Conc. im grossherzogl. und herzogl. Gesammtarchiv zu Weimar. Reg. C,
pag. 2, Nr. 2, fol. 33.

XII.

1461. 4. December. Salza.

Herzog Wilhelm von Sachsen an einen Getreuen: Freut
sich, dass sein Bruder, Kurfürst Friedrich, dessen Anbringen
(in der Streitsache des Kurfürsten mit seinen Söhnen Ernst
und Albrecht) auf Empfehlung Herrn Jans von Sleinitz freundlich aufgenommen habe.

Conc. ebendort, fol. 34.

XIII.

1461. 6. December. Torgau.

Antwort Kurfürst Friedrichs auf das Schreiben Herzog
Wilhelms vom 3. December: Markgraf Friedrich von Brandenburg habe den Bischof von Brandenburg zu ihm geschickt mit
der Erklärung, dass er den Waffenstillstand mit Böhmen annehme und ,des Tages zu Brüx', wie ihn der Abschied des
Prager Tages besage, ,wartend sei'. Am Sonntag Nicolai 1461.

Orig. ebendort, fol. 35.

XIV.

1461. 8. December. Weimar.

Herzog Wilhelm von Sachsen an den Kurfürsten Friedrich:
Er habe sofort obige Meldung durch einen Boten dem Böhmenkönige mitgetheilt und dem Boten befohlen, sofort mit des
Königs Bescheid sich zu Markgraf Friedrich zu begeben. Bittet,
ihm des Markgrafen weitere Entschliessungen mitzutheilen; fragt,

wie stark er oder sein Sohn nach Brüx reiten werde. Dienstag Concepcionis Marie 1461.

Conc. ebendort, fol. 36. — Die Meldung des Herzogs an den König, ddo. Dienstag Concepcionis Marie, ebendort, fol. 37.

XV.

1461. 15. December. Prag.

König Georg an Herzog Wilhelm von Sachsen. Er sei bereit, womöglich selbst zu dem Brüxer Tage zu kommen; er habe seinen Befehlshabern ernstlich aufgetragen, den Frieden zu halten, der dauern soll von Sonnenaufgang Thomastag (21. December) angefangen so lange, als die Beredung dies bestimmt.

Orig. ebendort, fol. 43.

XVI.

1461. 15. December. Prag.

König Georg von Böhmen sichert dem Kurfürsten Friedrich von Brandenburg nebst Gefolge von hundert bis hundertfünfzig Pferden zum und vom Brüxer Tage freies Geleite zu.

Orig. ebendort, fol. 44.

XVII.

1462. 11. Januar. Brüx. — *Verhandlungen des Brüxer Tages. Beschwerden und Forderungen des Böhmenkönigs.*

Copie im grossherzogl. und herzogl. Gesammtarchiv zu Weimar. Reg. C, p. 2, Nr. 2, fol. 46—48.

Vf montag nach Epiphanie dom. zu der xx stunde nach zalunge vnsers herrn des konigs sind die nachgeschrieben sin rete, zu den handel gein marcgraf Fridrich von Brandenburg geschickt, in vnsers gnedigen herrn herberge, das anbrengen von sinen koniglichen gnaden wegin zu thunde, [gekommen].

Als had er Zbinko Hase behmisch vnd er Jobst vom Eynsidel getalmatzscht dargelegt: Also wie vormals marcgraf Fridrich vnd hertzog Heinrich zu Groszen Glogauw yr lande vnd furstenthum gein eynander vergrenitzt vnd verschutt, auch gruntlich

6*

verteydingt vnd gein eynander verschriben gewest sind, wie
si damitt gein eynander sitzen solten, sollich grenitz sey durch
maregraf Fridrich zurückt, ingetzogen vnd zu storet, nicht
alleyn hertzog Heinrichen vnd sym lande zu schaden, sundern
vnsern gnedigsten herrn dem konig vnd der cronen zu abbruche
vnd kurtzunge, nach dem das darusz wol zu mercken ist, wo
sollich abbruche in eym konigriche oder furstenthum zu eym
konigriche gehorende geschcen, das die dem gantzen konigriche zu schaden komen; vnd sey eyn sache gewest, dadurch
der konig bewegt sey worden zu gegenwehre wider den maregrauen zu thunde vnd bie der cronen zu behalten, was darezu
gehore vnd keyns darusz zu entzihen lassen, als er des der
cronen hoch verpflichtet sey. Vnd meyne, er habe das nicht
vnbillich gethan, nachdem er durch den maregrauen dartzu
gedrungen sey. Sin koniglich gnade habe auch die gegenwehre
nicht lichtlich furgenomen, sundern damit lange vffgehalten, in
meynunge, der maregraue solt sich basz entsonnen vnd das
abgestalt habe, angesehen wie er vnsern hern dem konige
von eynunge vnd fruntschafft wegin gewandt ist. Abir als das
ye nicht sin wolt, had der konig durch ersuchunge hertzog
Heinrichs die nodwehre oder gegenwehre thun muszen, der er
villieber vertragen gewest were.

Darnach haben sie zum andirn mal dargelegt von hertzog
Balthasarn vonn Sagan, wie der vnsern hern dem konige eigen-
williglich vnd torstiglich sey wiedersetzig vnd vngehorsam
worden vnd sich nicht nach sinen gnaden mit lehin enpfahunge
vnd andern habe wullen bewiesen vnd halten, als eyn gehor-
samer der kronen vnd inmassen als andere fursten vnd vnderthanen thun vnd gethan habin, wiewol er darumb von vnserm
herrn dem konig mit schrifften vnd fordrungen vast ersucht
worden, das alles vnhilfflich gewest sey; des doch, als sin koniglich gnade meynd, [der] hertzog nicht solt gethan, sundern
sich nach sollich koniglichen erinnerunge darinne erkandt vnd
anders gein sine gnaden gehalten habe. Dadurch ist sin gnade
aber billich bewegt worden vnd schuldig gewest, die vngehor-
samen sin konigreich vnd furstenthum zu gehorsam zu brengen;
vnd had doch von koniglicher gutickeit damitt nicht geylet,
sundern lange vertzogen [1] vff das, ab sich hertzog Balthasar

[1] Von 1460, Januar, bis 1461, August.

irgend hett entsynnen vnd gein sinen gnaden in gehorsam gebin
wullen. Als aber hertzog Balthasar dauon nicht lassen wolt.
had der konig obgerurtermaszen yn gehorsam zu machin furgenomen, vnd das zu thunde mit der macht, als im got ver-
lihen had. In eym sollichn had der marcgraue hertzog Balthasarn
vffgenomen, gehuset gehaymet wider yn enthalden, als der konig
meynet gar unbillich vnd wider die eynunge, die das wol inn-
halte, wie sich ein iglich sollichermasze haltn sulle. Vnd wiewol myn alter herre von Sachsen von hertzog Balthasar auch
ersucht sey, yn zu enthalten, so habe er doch das wider den
konig vnd sinen koniglichen gnaden zugefallen nicht thun, nach
yn wider sin konigliche gnade halten wullen, sundern sich siner
entslagen; aber der marcgraf habe yn dem konige zu ver-
drieszunge also enthalden, wie obgerurt ist.

Zum dritten haben sie angetzogen die herrschafft zu Cottbus, von der wegin der marcgraf auch sache gegeben vnd
vnsern hern den konig bewegt habe, sich darumb anzunemen.
Denn dieselbe herrschafft, in der marcgrafschafft zu Lusenitz
gelegin, gehe von sinen koniglichen gnaden vnd der kronen
zu lehen. Nu habe der von Sternberg daruff etlich gerechtickeit behalten vnd vnsern herrn den konig ersucht, ym die
zu lihen; desglichen habe der marcgraf auch vmb lehin gebetin.
Vnd nachdem er eyn kurfurst sey, dadurch er nicht lehen vom
konige habin sulle, den von Barbey dargestalt zu eym lehin-
treger vnd zu ferrer vnderwiesvnge der dinge; so sey der marcgraf der sachen gein dem von Sternberg vmb die herrschafft
zu Cottbus vff den konig willekurlich zu recht gegangen, desglichen auch der von Sternberg. Vnd nach dem sin koniglich
gnade ein richter vnd herre sey, alle die lehen in sinem konig-
reiche vnd den furstenthumen darczu gehorende gelegen, habe
er die sache fur sich genomen vnd ladbriue deshalbin vszgehen
laszen. Daruff des marcgrauen geschickten vor sinen koniglichen gnaden erschienen sind, zu zeyten mit macht vnd zu-
wilen ane macht; sich auch zu zeyten behulffen daruff, das die
sachin vor den herrn vnd der landschafft des lands zu Lusitz,
darinne die herrschafft zu Cottbus lege, erkand werden solt.
Als sey zuletzst durch den konig eyn endlich rechttag gesatzt,
daruff des marcgrauen sendboten mit voller macht vnd macht-
briuen erschinen sind. Da sey der spruch dem von Sternberg
gedyen vnd die herrschafft zu Cottbus ym zugesprochin. Da

wider die marcgrafischen sinen koniglichen gnaden zu wider-
wertickeit vnd zu swechunge der groszen friheid, damit die
wirdige cron zu Beheim von keyser Karllen gefrihet vnd vsz-
gesatzt ist, eyn appellacion vnd beruffunge gethan an den Romischen keyser, das doch noch sollich friheid der cronen nicht
sin sal vnd nymands gethun mag. Vnd ab es fur den keyser
komen solt, so mocht er nichts daruber gevrteilen, sondern so
ymands beruffunge nod sey, so moge die nicht ferrer gescheen,
dann in sin koniglich camer dadurch der konig aber gros bewegt
sey, nicht vnmogelich sich vnd sin kronen bie sollicher friheid zu
behalten, daruff gros pene gesatzt, nemlich tusend mark lotigs
golds, halb in die keiserlich vnd die ander helffte in die koniglich
camern zugefallen; wer sich wider obgerurte friheid vnderstunde
zu thunde. In sollich pene sey der marcgraf durch die appellacion von den sinen obgerurter masze gescheen, gefallen, die der
konig sinen teil von ym forder, ym darumb vszrichtunge zu thun.

Zum vierden: Als es sich durch obgerurte verlauffunge
so ferre verticffent vnd zu vnwillen begeben had, ist vnser
herre der konig durch ersuchunge der herre der cronen bewegt,
die marcgraffschafft zu Lusitz wider zu losen, ledig zu machen
vnd zu der cronen zu Beheimen, darzu sie gehoret, wider zu
brengen. Had auch das dem marcgrauen verkundigt, zeyd vnd
stad gesetzt, die betzalunge zu thunde der summen, als das
von den Polentzkern vormals an yn kome, als kuntlich sey,
als das ym des lands vom marcgrauen abgetreten vnd das ge-
laszen werde, inmaszen er das von den Polentzkern ingenomen
vnd enpfangen hett. Vnd had sollich geld zu der ablasunge
gein Luckauw geschickt, dem marcgrauen das verkundigt, der
sin rete dahin gein Luckauw bestalt had, den das geld gewieset,
zu betzalen angemutet vnd von yn gefordert ist, des lands abzutreten, mit uberantwortunge der briue vnd verschribunge,
die er von den Polentzkern enpfangen vnd sust daruber hett,
ader burgen dafur zu werden, damitt das alles also geschee vnd
vollentzogen wurde. Das haben sie geweigert vnd sey durch
den marcgrauen verslagen; dann er habe villicht besonnen, das
ym das land nutzer were dann eyn sollich geld vnd nach sollicher empfindunge, das ym des landes losunge vff zu nemen
geweigert wurde, sey der konig aber bewegt zu gegenwehre
furzunehmen ete. ete., als er nach obgerurt vnd aller gelegin-
heid nicht vnbillich gethan habe.

Zuletzst noch drie stucke angetzogen, dadurch sin koniglich gnade zu widerwillen bewegt sey. Zuerst, das durch obgerurte weigerunge die betzahlunge vnd widerlosunge des landes
zu Lusitz halben vnnszer herre der konig zu groszer vfflegunge
gedrungen vnd bracht sey etc.; der widerkerung ader wider-
legunge mutet der konig nach siner notdorfft, nachdem er ob-
gerurtermasze ser unbillich von dem marcgrauen dortzu bracht
sey, etc. etc.

Darnach zum andern sein durch den marcgrauen ettlich
lehen vsz der marcgraffschafft zu Lusitz, derselbin marcgraffschafft zu schaden vnd vnsirn herrn dem konig zu abbruche
vnd verkurtzunge, entzogen; welcherley lehne das sein, das
sulle beiden herrn von Sachsen zu sin zeyd wol clerlich zuver-
stehin werden, dann der marcgraue habe das, nachdem er nicht
anders dann eyn voit des lands gewest sey, vnbillich gethan.

Zum dritten had der marcgraf stewer vff die lut vnd
inwoner der marcgrafschafft zu Lusitz gesatzt die lute zu armut
bracht, das er doch als eyn vogt nicht zu thunde gehabt habe;
vnd sey ym auch nicht anders ingethan nach verschribin, dann
mit der nutzunge, reuthe vnd gefell, die eym voite von denselben lande geburen vnd zustehen, etc.

Item zwen fridbruche mit angetzogen, zuerst, das die
von Topperg eyn dorffschafft hertzog Heinrichs durch die mar-
grafischen mit name, brande, auch mit verletzunge frauwen vnd
jungfrauwen vnd anders in dem fride beschedigt worden sind
durch Renygk vnd andere des marcgrauen lute, etc.

Item zum andern, das ettliche des konigs vnderthanen,
die durch die kleynen oder nuwen Marck gein Pruszen ryten
wolten, vnd des marcgrauen brieflich gleyt gehabt haben, uber
sollich gegebin vnd verschriben gleyt gefangen vnd zu ettlichen
vnbillichen glubden gedrungen sein.

XVIII.

1462. 11. Januar. Brüx. — *Verhandlungen auf dem Tage zu Brüx:
Gegenrede der brandenburgischen Gesandten auf die böhmischen Be-
schwerden und Forderungen.*
Ebendort, fol. 49—52.

Meins herrn anttwort jegin dem konig.

Item zum ersten. Als der konig meinen herrn schuldiget
von hertzog Heinrich vnd sein grenitz wegen, das er jm dy

solle zu worffen vnd zu schorren haben etc.: Des denn mein
herr nicht gethan vnd das dem konige vor wol in schrifften
verantwort hat, vnd billich mein herr der gicht von hertzog
Hinrich vertragen wer, nach dem er des nicht gethon vnd
mit warheit wol veranttworten kan. Vnd als der konig meint,
das im mein herr do mit zu notwere gedrungen hab, mocht
mein herr wol billicher clagen, das er zu notwer gedrungen
werde, nachdem hertzog Heinrich manne erst meins herrn
mannen entsagt haben vnd ir feind worden sein, das mein
herre beweisen kan mit iren eigen feintzbriffen, die hir vor-
handen sein, vnd sie dartzu geraubt vnd gebrant, als sye das
mein gnediger herren geclagt haben. Dartzu hat mein here
ir grenitz ny gwehn noch anders ny gethon, dann das sich dy
seinen haben gewaltz mussen vffhalden vnd schutzen vnd notwere thun mussen, das mein here villiber geseheen het, das
das alles wer nachpliben. Vnd wer des mit hertzog Heinrich
alletzeit zu fruntlichen tagen gerne komen. Auch hat sich der
konig zuuor teydinge doran vnterfangen, die sachen gutlichen
beyzulegen, das mein herr het das sein mogen, gar gern gefolgt het. Aber der konig ist darnach meins herrn feint worden, wie wol des mein herr gar wenig getrawt hett, noch dem
an meinen herrn vnd an den seinen von hertzog Heinrich
mannen der bruch vnd vnrecht gescheen ist. Vnd mein herr
meint, das nach innhalt der buntnissze sulchs nicht sein solt
vnd wil das irkennen lassen, ob das billich gescheen sey.
Auch der konig meint, das das mein herr dem konige vnd
der cron solt zu abbruch haben gethon; dar sagt mein gnediger her ‚nein‘ zu, vnd wolt im vngerne enicherley abbruch
thun im oder den seinen lassen bij dem, als sy recht haben
begert, myn here, nicht mer etc.

Zum andern: Als in vnser her der konig zeyhet von
hertzog Baltzers wegen, das im der selbe hertzoge Baltzer ein
vngehorsamer furste sey gewest, das wir hertzog Baltzer mit
veranttwerten, sunder als er meint, mein gnediger herr hab
im den zuwidergehauset vnd enthalden: des dem min gnediger
herre nicht gethon hat. Sundern vnser herr der konig hat
Steinbach zu mein hern gesant, vnd an in begeren lassen,
ab ymant von de synen im Sagen weren, dy abzufordern vnd
nymand der synen wider in nicht hinein reyten lassen; das
mein gnedigher herr gerne gethan vnd sich der sach gantz

nichts geworen hat. Dann darnach, als die geschicht zum
Sagan geschen was, ist hertzog Baltasar zu meinen herren
komen, vnd andern seinen frunden hin vnd wider geriten vnd
meinen herren gebeten, vor in an vnsern herren den konig
gutlich zu geschriben vnd gnad zu bewerben, das mein gnediger herre also gethon vnd im fruntlicheit beweist als synen
angebornen frunde. Vnd das dem konig nicht zuwider oder
geschen sey, darczu het der konig meinem herren vff sein
schrifft vnd gutliche bete zu wissen gethon, als er nye gethon
hat, das es im wider gewest wer; sein gnad het sich nach
synen begere gehalden vnd meinet mein herre, das er darumb
auf im nicht gebrochen hat.

    Zum dritten artikel, dorinn berurt wirt die gerechticheyt,
dy der von Sternberg zu Cottbus haben solt: Vmb die im
solt geben sein anttwert, das mein herre Cottbus vmb sein
gelt gekaufft hat vnd nicht vmb sunst an komen ist: sulcher
kauff im bewilligt, befestigt vnd bestactigit ist worden, etwen
von dem konige Laszlaw seligen, vnd aber itzund gelihen ist
von diesem konige, das mein herre wol mit koniglichen brieffen
volkomen kan. Vnd hofft, ewer gnade solle irkennen, das
vber solichen kauff vnd leyhunge des von Sternbergs fordrungen
am lande vnd statt Cottbus kein crafft gehabt oder noch haben
moge; dann es sich nicht so verledigt vnd noch hewtigis tags
rechte erben dorzu leiben vnd leben, von den das mein gnediger herre gekauft vnd wol bezalt hat. Vnd er hat des ein
redeliche vnd bestendige ankumfft vnd besitzunge in fridlicher
gerucht gewerb, so vil im zu seinen rechten not ist, vnd er-
pewt sich des vff ir kentnisse. Bey sulcher schult ist zu versteen, das der von Sternberg grundet vff sulch vrteyl, das
vnser her der konig so gesprochen haben: Ist meins gnedigen
herren antwort, das er in solch vrteil ny gewillet habe, wider
durch sich, noch sein sendboten. Vsz sulcher redlicher vrsache
hofft mein gnediger herre zun ersten, das vnser herre der
konig sulch vrteil nicht von sich selbst, sundern von bete vnd
anrichtung er Zdencko von Sternbergs oder ander gesprochen
habe, die dann den konig nicht also vnderricht haben, als
sich der sachen gelegenheyt begeben hat; vnd mein herre
zweyfelt daran nicht, wer er der sachen recht vnd nach irer
gelegenheyt vnderweist, er hat villeichte kein oder ein ander
vrteil gesprochen. Auch als sein anbrengen doruff lautet, das

mein herre in den konig als in einen gewilkorten richter sol
gewillet haben: Des kan sich mein gnediger here nicht er-
innern noch bedencken, das er das gen dem konige oder dem
von Sternberg ye gethon habe, angesehn, das der ladbriff oder
citacion nicht inheldet, das der konig mein herre als ein gewillet richter geladen habe, sundern als ein geordent richter,
als das die citacion clerlich vswiszet. Dorausz ewer gnade
vnd meniglich wol vorsteen mag, het der konig gesprochen
als ein gewilkort richter, nach dem ir anbringen lawtet, er
heth ye billich schult vnd antwort dargegen gehort, als sich
das wol ezemet, vnd im rechten geburlich were, das dann
also nicht gescheen ist, mehr angesehen, das die sach nye zu
anttwort komen ist, so uil des dy heuptsache belanget; sundern nach der citacien, wie wol dy mein herren nicht verbunden hat, hat sein gnad vmb guts gelimpfs willen die seinen
zu dem konige geschickt vnd furbringen lassen gute gewonheyt vnd ein alt loblich herkomen, die das lant zu Lusyczt
non alter gehabt vnd noch hat, do bey sye ander keyser
konig vnd fursten gelasen vnd biszher behalten haben, das
sulch vnd ander sachin die lehn vnd erbe anruren im land
zu Lusycz vor herren, mannen vnd steten daselbst, als in ein
besundern furstenthumb, das selbst mit gericht vnd recht versorgt sey, verhoret vnd gericht werden sollen. Auch haben
prälaten, herren, mannen vnd stet des lands zu Lusycz mein
gnedigen herren angelangkt, sich vsz sulcher irer alten gewonheyt vnd herkomen nicht zu geben vnd von der herschafft
wegen zu Cotbus dobey bleyben, da durch in das nicht von
synen gnaden erst verbrochen oder geswecht wurde. Vff sulch
mins gnedigen herren anbringen hat der konig vszwendig der
citacion ander tage gelegt vnd doruff ein vrteil im rechten,
genant ein interlocution mit gutem rat gesprochen eins sulchen
lawts oder dergleich, moge der maregraue von Branndburg
solch alt herkomen vnd gewonheyt als recht beweysen, das es
billich dobey blibe. Sulchs zu beweysen hat im der konig
ettlich ander tage furderlich gelegt so lange bisz vff den
nechsten vergangen sand Michaelstag (29. September) dor
dann mein herr dy seinen mit sulcher macht neben den vsz
dem land zu Lusytz, da mit man sulch gewonheyt vnd alt
herkomen bewisen vnd behalden solt, gegen Prage geschickt,
in meynung, dem genanten vndervrteyl genug zu thun. Vnd

ob das aberkant wer worden, dennoch solt meins gnedigen
herren geschickter macht haben, alles das zu thun, was recht
gewest wer. Vff denselben tag der konig nicht von im selbs,
als wir hoffen, sunder von vnrechter furbrengung, die weil es
noch in swebeden vrteyln vnd solch volfürung der beweysunge
noch nicht aberkant was, ein vrteil wider mynen gnedigen
herren gesprochen hat. Vnd zu hant nach solichem vrteil den
andern vsz dem lande zu Lusicz angesagt, das landt, vnd sy
bey sulchem herkomen vnd gewonheyt zu bchalden vnd bleyben lassen, das selbe meinem herren nicht helffen mocht, das
doch dem geringsten im land zu Lusycz zu hilff kompt; des
sich doch mein herre nicht versehn hete, nachdem er zu sulchem vrteyl ny geladen noch auch syner gnaden anttwort vff
die hewptsach ny gehort hat, das nach eruug des rechten geburlich wer. Ausz sulchem handel vnd bewegung der sachen
hat mein herre vermerkct grose beswerung, dy in wider synen
herschafften ankomen mochte vnd hat im not gethon, sich von
sulcher beswerung zu beruffen vnd hat ein appellacion nach
ordnung des recht geburlich eingelegt, beswerung vnd vertze-
lung der sachen, der rechtuertigung sulcher seiner eingelechten
appelacion schrifftlichen geoffenbart, als das die appellacion
clerlich vszwiset; vnd hat sich beruffen zu dem, der priuilegia
zu geben vnd vszzulegen hat, an vnnsern gnedigsten herren
den Romischen Keyser, der ir beyder oberherre ist. Vnd sein
gnad hofft, das er vmb sulch appellacion vnd beswerung willen
vor erzalt vnd die appellacion inhelt, keiner pena verfallen
sey vnd seczt das vff ir bekenntnisse etc. etc.

Zum virden: Als vnser herre der konig antzewhet von
der losunge wegen des lands zu Lusycz, wie er meynen gnedigen herren dem marggrauen dy verkundet habe etc.: Das
ist war; er hat sein rete nemlich Otto von Sparneck vnd
Pawel Rudisch zu Culmach zu im geschickt vnd im die losung
verkundigen lassen vnd im einen tág benent, nemlich gein
Luckaw vff sand Symonis vnd Jude tage (28. October) entlich
die beczalung zu thun, inhalt der werbezettel im vberantwort.
Vnd wie wol die beczalunge zu Luckaw nicht gescheen solt
nach inhalt mins gnedigen herren briff vnd verschreibung, dy
im konig Laszlaw seliger vnd auch disser vnser herre der
konig bestetiget haben, doch vnserm hern dem konige zu wol-
geuallen hat mein herre sein rethe vff genante czeit gein

Luckaw gesandt dy beczalunge zu nemen. Sy ist in aber des
tages nye geboten, noch ander tage vnd biszher nicht gegeben,
wie wol sein gnad sein gelt gerne genommen hett. Aber an
dem tage, als die bezalunge gescheen solt, lag der von Sternberg vnsers herren des konigs oberster heubtman, als er sich
selbs schreybt, mit andern ire des koniges vndertanen vor
Cottbus mit herescrafft, der meynung, mein herren zu notigen.
Vnd haben auch den seinen das jr genomen, sy geraubt vnd
gebrant das dann, als yderman wol prufen kan, gar ein vnge-
wonlich vnd vngutlich beczalunge were, nachdem auch der
konig selbs zuuor sein felide an mein herren gekert hat, innhalt seins eygen fehdbriffs. Des doch meins gnedigen herren
briff also nicht sagen, sunder das man zuuor meinem herren
sein sum geldes bereyt beczalen vnd in sein gewarsam sicher
gleyten solt etc. Sein gnade hat auch dy betzalung nemen vnd
in darnach nach inhalt seiner briff abtreten wollen alles, was
prelaten, herren, manne vnd stete des lands zu Lusycz erkenten; vnd wolt man sein gnaden worten des nicht gelawben,
sein gnad wolt das verburgen. Das alles nicht hat helfen
mogen, sundern mit gewalt ist im ettlich entwerung daran
gescheen. Vnd bewt das vff erkenntnisse, ab im daran recht
oder vnrecht gethon sey; doch vber das alles mocht mein
herre sein gelt an einer sum noch werden, er wolt das noch
hewtigs tages gerne nemen vnd sich dar inne halden nach
laut seiner brieff vnd hofft, das man im dy billich halden sulle.

Zu den leczten dryen stucken.

Zum ersten, wie vnser herre der konig durch mein gnedigen herren zu grosser vfflegunge, kost vnd gegenwere gedrungen sey etc.: Hofft mein gnediger herre, es sol sich finden,
das im daran vngutlich geschee. Dann sein gnad sey vber-
czogen, beschedigt vnd zu grosem schaden gedrungen ane not,
nachdem er vnnsern herren dem konige gleichs vnrechts ny
vszgangen sei vff ir beyder eynung, ader noch vugerne vszgeen
wolt; dann im solt an dem vsztrage, in der selbing eynunge
gesaczt, wol genugt haben vnd noch genugen, mocht es dobey
bleyben.

Zum andern von der lehn wegen, dy mein gnediger herre
dem lande zu Lusicz vnd vmb meinen herren dem konige zu
abbruch sol entzogen haben: Do weiss mein gnediger herre

nicht uon; sundern wann im dy genant werden, wil sein gnad gerne geburlich darzu antwerten.

Zum dritten: Wie mein gnediger herre stewer vff die lewt vnd inwoner im land zu Lusicz gesaczt vnd sie zu armut bracht sol haben etc.: Als weiss mein herre kein stewer oder vff'legung, domyt er ymand im lande moge belestiget oder zu armut gebracht haben. Wol haben im die lantschafft von bete wegen etlichen habern gegeben, doch nicht anders, dann als vor irn voyten im lande gescheen sey, dy dann myner gewest sein denn sein gnade ist.

Angeczogen zwen fridbriff.

Den ersten, das die von Topperg, eine dorffschafft herczoge Heinrichs, durch meins herren lewte mit name yn brandt vnd ander in den fride beschediget worden sein durch Renick etc.: Das ist meinen gnedigen herren gancz vnwissenlich; finde sich aber, das ichts vmbillichs durch die seinen gescheen wer, als er nicht hofft, sein gnade wird sich dorinn halden vnd beweysen, wie man irkent das billich sey etc.

Zum andern: Wie ettlich des konigs vndertan, die durch die Newenmarke gein Prewszen reyten wolten vnd meins herren briff'lich gleyt sollen gehabt haben, vber sulch gleyte gefangen vnd zu vnbillichen gelubden gedrungen sein etc. Das ist meinem herren auch unwissenlich; beweiste aber ymand meins herren gleyte, das hilt man im billich. Sust wisse sein gnade wol, das ettlich herczog Heinrich mannen, die bey dem homeister in Prewsen gelegen haben, vff sein heimforderung durch die Newenmark getzogen sein, in meynung, dieselben wider mein herren vff synen schaden zu gebrauchen, als sie selbe bekant haben. Die selben haben meins gnedigen herren amptlewt mit gefencknisz bestrickt vnd sie wider betagt mit ir habe. Vnd sulchs ist gescheen vor ingange des frids vnd meint mein herre, das sulchs nicht vmbillich gescheen sey etc. etc.

XIX.

1462. 11.—18. Januar. Brüx. — *Verhandlungen auf dem Brüxer
Tage: Bruchstück aus den Erbietungen Kurfürst Friedrichs von Brandenburg, die Lausitzer Streitsache mit Böhmen betreffend.*

Copie im grossherzogl. und herzogl. Gesammtarchiv zu Weimar, Reg. C.
pag. 2. Nr. 2. fol. 3.

Item zum ersten wil mein gnediger herre in fruntschafft
das thun, das er wil nehmen sein gelt halp, das im vf dem
lannd zu Lusicz verschriben ist, doch das im seine erbsloss
Cotbus, Loben vnd ander etc. on ansprache bleiben mogen.

Item zeum andern wil mein gnediger herre das thun,
das im der konig das land zu Lusicz sein lebtage lasz, inmassen im das verschriben ist; wenn er aber mit tode ab-
ginge, das got lanng wende, so solt dem konige das gelt vf
dem lannde losz fallenn vnd darzu auch Lobenn; doch so
Loben versatzt ist, das man dann dem sein gelt gebe, der es
inn het.

Item vmb die erblich slosz. Wenn mein gnediger herre
der marggraff vnd marggraff Fridrich der junge, seiner gnaden
bruder, beide on menlich leibs erbenn verstorbenn, das got
ange verhute, das dann die auch lediglich an den konig fallen
sullen.

Item were dem konige das nicht eben, so wil mein gnediger herre der marggraff sein gelt nehmen nach laut vnd inhalt seiner brief, vnd dem konige widerumb abtreten vnd be-
nehmen, so vil durch recht erkant wirt.

Vber das alles wil mein gnediger herre marggraff seins
rechten vnd vnrechten zu recht gehen vnd bleiben vf der
eynung, oder das zu recht gehorenn seiner gnaden swegernn,
den hertzogen zu Sachsen, zu geben vnd zu nehmen vmb alle
sache, was im recht erkannt wirdet.

Item desgleichen wil er auch thun mit dem von Sternberg.

XX.

1462. 11.—18. Januar. Brüx. — *Weiteres Bruchstück aus dem Ver-
handlungsprotokolle mit Vermittlungsvorschlägen der sächsischen Herzoge.*

Ebendort, fol. 53.

Item fur Kottebus die helffte vj m. schock, vnd vmb die
ander helffte solten der marcgraue vnd der von Sternberg zu
recht komen vf die landseszen im lande zu Lusitz.

Item vmb das land zu Lusitz solt der konig die helffte
des kauffgelds geben vnd die losunge der versatzten guter zu
ym stehen, doch also, das er die von Polentzk dorumb nicht
anlangen solt; dorzu dem konige Lubin folgen.

Item vmb die lehen sal man sich auch nach redelichkeid
vereynen.

Item ab der marcgraf in besorgunge were vor dem
konige: wil der konig sich mit ym vertragen nach aller notdorfft, des sicher zu sin.

Item man sal Kottebus nach das landt nicht abtreten,
das geld sey dann bezalt.

XXI.

1462. 8. März. Meissen.

Kurfürst Friedrich von Sachsen an seinen Bruder Herzog
Wilhelm: Nachdem man Willens sei, neuerdings in der Lausitzer Angelegenheit gemeinsam Räthe an den König zu
schicken, so sende er nächsten Sonntag (14. März) Hans
Metsch· nach Freiberg und gebe ihm einen Zettel mit, auf
dem das Anbringen an den König verzeichnet sei. Der Herzog
möge die Werbung nach seinem Gutdünken ,verbessern‘, damit sie dann durch einen seiner Räthe und Hans Metsch nach
Prag gebracht werde.

Orig. im grossherzogl. und herzogl. Gesammtarchiv zu Weimar, Reg. C.
pag. 2. Nr. 2. fol. 61.

Kurfürst Friedrichs Entwurf des Anbringens an den König von Böhmen.

‚Vnser meynung ist, doch vff uwer verbesserung:‘ Die
Räthe sollen dem Könige vorstellen: Zwar habe er ihren
Herren, den Herzogen von Sachsen, zu Ehren und Willen
einen gütlichen Tag zu Brüx bewilligt, aber Herzog Wilhelm
und Kurfürst Friedrichs Sohn hätten es in Brüx doch nicht
weiter gebracht als bis zum Abschlusse einer ‚Vorrede‘, den
Waffenstillstand zwischen Böhmen und Brandenburg auf un-
bestimmte Dauer, aber mit dreiwöchentlicher Kündigungsfrist
besagend. Nun hätten sich die Herzoge die Sache weiter
überlegt und gefunden, dass es so nicht gut sei; ein jeder
Theil stärke sich und werbe, um seinerzeit sein Vorhaben
doch durchzusetzen, und man müsse besorgen, dass der Streit
je länger nur um so mehr sich einreisse werde. Bitten deshalb den König um die Zusage, seine Räthe binnen vier
Wochen neuerdings nach Brüx zu senden, um diese Angelegenheit besser und ‚gründlicher‘ zu bereden.

Ebendort, fol. 61. Orig.

XXII.

1462. 11. März. Eckersberge.

Herzog Wilhelm von Sachsen an seinen Bruder: Er erhalte dessen Zuschrift soeben auf der Rückreise vom Mühl-
hauser Tage; schlägt vor, an König Georg erst ein Schreiben
bezüglichen Inhalts zu richten und erst dann eventuell gemeinsam Räthe nach Prag zu schicken.[1]

Concept ebendort, fol. 63.

XXIII.

1462. 29. März. s. l.

Kurfürst Friedrich von Sachsen an Friedrich von Brandenburg: Meldet die Zustimmung des Böhmenkönigs zur

---

[1] Das Schreiben der Herzoge, das diese nun an den König richten, hat
Erfolg. Man sehe die Antwort des Königs vom 25. März 1462 in Fontes
rer. Austriac. II. Abth. XLII. Bd. 340—341, Nr. 250.

Abhaltung eines neuen Tages zu Brüx in der Lausitzer Angelegenheit; frägt, ob er seine Räthe nach Brüx schicken
wolle, dies dem Könige melden und sich selbst darnach richten
zu können. Montag nach Lätare.

Copie ebendort, fol. 66.

1462. 30. März.

Mittheilung darüber an Herzog Wilhelm. Dienstag nach
Lätare.

Orig. ebendort, fol. 67.

XXIV.

1462. Anfang April. Weimar? — *Instruction Herzog Wilhelms von
Sachsen für seine zum Tage zu Brüx (10. April) abgehenden Räthe.*

Orig. im grossherzogl. und herzogl. Gesammtarchiv zu Weimar, Reg. C.
pag. 2. Nr. 2. fol. 39—42.

Nota myns gnedigen hern herzogen Wilhelms meynunge,
vff dem tage zu Brux fur zu nemen nach sin gnaden beduncken vf bequeme mittel.

Zu erst dar nach zu stehen: Wulle der konig von Behemen das land zu Lusitz vom marcgrauen wider haben, das
er ym dann sin geld, das ym doruff verschriben ist, her-
usz gebe.

Was dann der marcgraf nach laut der verschribunge,
zwuschen yn gescheen, pflichtig sey versatzter slosz, stete oder
guter zu entledigen, das er das auch thu.

Vnnd ab doruber eynichs vsztrags oder erkentnus zwuschen dem konige vnd dem marcgrauen nod were, das das
geschee vor yr beyder eynunge oder sust durch fruntlich teydinge neben der eynung.

Item so das geschee, das dann yr beider eynunge alles
yrs innhalts in krefften blibe.

Item vmb das vrteil von Kottebusz wegen, im koniglichen hofe ergangen, bedunckt meynen gnedigen herrn etwas
swer sin.

Dorumb sol man dornach stehen, das dasselbe vrteil abgestalt werde vnd vmb Kottebusz vsztrag gesche vor der

landschafft zu Lusitz oder vor des konigs vnd des marcgrauen eynunge.

Item wo die obgerurten Wege vmb das land zu Lusitz dem konige nicht gemeynd were, so mag man danach stehen, das dem marcgraue das land zu Lusitz, alsuil das pfandschafft ist, sin lebtage inneblibe vnd nach sym tode lediglich an die crone zu Behemen falle; doch was der marcgraf sloss, stete hofe vnd guter im lande zu Lusitz erblich gekauft habe, das er auch lediglich dabij blibe vnd die nach sym tode sine nachkomen die fursten in der Mark folgen.

Item vmb die friedebruche had myn gnediger herre mitsampt myn alden herrn vff Dorothee (6. Februar) gein Senfftenberg geschickt, inmaszen zu Brux der abscheid gewest ist; aber von des konigs auch herzogen Heinrichs von Crossen vnd der von Luckaw wegen ist da nymand erschienen oder widerboten.

Item darnach zu arbeiten, das ein ander tag furgenommen, von allen teilen dobii geschickt vnd der fridebruche halben gethan werde, alsuil billich ist.

Item ob der wege keiner sin wolt, dann darnach zu arbeiten, das der fride vf ein lenger vffsagen zwuschen ir beider verfaszt werde, doch alsferrer das vnszer bruder von dem marcgrauen auch in benelunge habe.

Item ab man drauwen wolt, dann darin nicht zu willen oder dabii zu sin.

Item mit zu nemen copien des fridebriues von Brux.

Item abscheid zu Senfftenberg.

Item marcgrauen Fridrichs letzten schrifft myn alden herrn gethan.

Item copie des konigs zuschriben des tags.

Item an die konigischen rete zu werben: Als der konig myn gnedigen herrn wider geschriben, wie er mit den schuldigern geredt habe vnd doch des geldes kein frist dann bisz vf pfingsten (6. Juni) erlangen konnen: Wiewol dan sin gnade zur bezalung bereyt vnd willig sey, so sein doch ytzund die leuffte sere swere, darinnen sin gnade sich gelds vngern entplosst; das andere so sey ym ebenthurlich, das geld gein Eger zu schicken, diewile die kriegsleuffte also stehen, vnd des weges hin etlich herzog Ludewigischs etlich marcgrauschs vnd also mancherley gemenget sein, dadurch das geld swerlich hin

zu brengen, diewile die ziid der bezalunge so ruchtig sey.
Dann so das geld gein Eger queme, zwinelt sin guade nicht,
der konig wurde das da mit gleyt wol besorgen. Aber alle
vorgerurte gelegenheid angesehen, so lasze mein gnediger
herre den konig bijtden, das er nochmals bi den schuldigern
guten flisz ankeren vnd sie vermogen wulle, siner gnade frist
des gelds zu thunde bisz vf Michaelis (29. September) oder
zum mynsten bisz vf Bartholomei (24. August) oder Jacobi
(25. Juli); sich dahin zum besten bewiese, damit sin gnade
das nicht geweigert werde, alsdann wolle er die bezalunge
gewiszlich thun, vnd das vmb sin gnade williclich zu verdinen.

Item von Friberg gein Brux vmb ein personlich gleyt
an dem walde vns vff zu nemen zu bestellen.

Item meinen gnedigen herrn botschafft zu thunde, wie
die leuffte stehen vnd was wir erfaren mogen.

Item zu gedencken, was mynem gnedigen herren [marc-
grauen] von den konigschen fridebruch gescheen ist:

Zcum ersten haben die von Loben hertzog Heinrichs
man mynem gnedigen herrn gepucht vnd darynn genommen,
was sie gefunden haben, nemlich Czerwingen vnd Matzdorff.

Item das dorff Stradaw ist gepricht vnd dar gnomen
wurden bey eym halben schock kuhwe; vnd had gethann
Metzeinrode zu Lobezitz im lande zu Budissen gesessen.

Item myns gnedigen herrn schribern ist genomen wurden
zu Brux im verschriben gleite vnd fride xlij Rinische guldenn,
iij hungerische guldenn vnd ij gulden an Pemischen vnd Mis-
senischen groschen, vnd an cleydern vnd anderm gerete, das
sie es zusampt achten vff sechtzig gulden, vnd sunderlich briue
vnd tzitteln, daran mynem gnedigen herren macht gelegin ist.

Item von Friberg gein Brux vmb ein personnlich gleit
an dem walde vns vfftzunemen zu bestellenn.

Item myn gnedigen herren botschafft zu thunde, wie die
leuffte stehen vnd was wir erfaren mogen.

Item mitzunemen copien des friedebrieffs von Brux.

Item abscheid zu Senfftenberg.

Item marcgrauen Friderichs letzsten schrifft mynen alden
herrn getan.

Item copien des konigs zuschriben des tags. [1]

---

[1] Vgl. Fontes rer. Austriac. Bd. XLII. Abth. II. 341—344, Nr. 251 und 252.

XXV.

1462. 11.--12. April. Brüx. — *Protokollarischer Bericht der sächsischen Räthe über ihre Verhandlungen mit den Gesandten König Georgs
in der Lausitzer Streitsache.*

Orig. im grossherzogl. und herzogl. Gesammtarchiv zu Weimar, Reg. C, pag. 2,
Nr. 2, fol. 68–73.

Brux. Nota vff sontag Palmarum sind her Hase von
Hasenberg, her Jhane von Colowrat, her Mathis Slick, her
Jobst vom Eynsidel vnd Herman Zirotek, burcgraf zu Brux,
von des konigs, er Jhane von Slinitz, obermarschalk, er Nickol
von Schonberg hofmeister, Hans Metzsch, schenck Hanns von
Tutenberg vnd Johann Sifrid cantzler von beiden mynen gnedigen herren von Sachssen wegen zum gutlichen handel erschinen. Had er Jhane verzalt, wie vnszer gnedigen herren
von Sachsen als die, den die zwileufftc, zwuschen dem konige
vnd marcgrauen Fridrichen von Brandenburg entstanden, nachdem sie den beiden hoch verwand, sere wider vnd leid sin,
von yn selbs an den konig geschriben habin, beede die sinen
zu eym gutlichen tage als ytzund her gein Brux gegen den
yren zu schicken, nochmals zu versuchen, ob die dinck vf
besser wege dann vorbracht mochten werden, dorinn der konig
vnszern gnedigen herren zu willen wurde sey[1] vnd die sinen
her gefertiget habe: Des dancken sie sinen gnaden von vnszer
gnedigen herren wegen gar frundlich; yre gnaden sin auch
willich, das vmb sin gnade zu verdinen. Nu sein vnszer gnedigen herren durch die vrsache zu anregunge vnd dieszes tags
bewegt, vnszer gnedige herren herzog Wilhelm vnd herzog
Albrecht von Sachsen haben vormals vf den gehalten tage auch
hie zu Brux groszen flisz angekert vnd allerley mittel furgenomen in guter hoffenunge, sie wolten die gebrechen zu gutlichen vnd grundlichen abtrage bracht haben, des sie aber kein
folge mochten erlangen, anders dann ein fride vf ein vorrede
zu beteydingen. Nu mercken sie wol, das sich der konig auch
der marcgrafiglich vf sine art danach schicken vnd wyt bearbeiten, dadurch sich villicht furder blutvergiessen vnd verwu-
stunge der lande yrenthalben begeben mocht, das yren gnaden

---

[1] Vergl. den Brief des Königs an die Herzoge vom 25. März 1462 in Font.
rer. Austric., Abth. II, XLII. 340–341, Nr. 250.

gar ein getrulich leid wer. So verstehen yre gnaden, es er-
schelle allumb in den landen, auch sulle der konig von Thenemarcken vf dem tage zeu Wilsnach vil fursten vnd sleten verzalt haben, ym habe der marcgraue geclagt, das er keiser
Sigemunds, konig Laszlaws seligen vnd der Behemischen herren
verschribunge, auch diess Behemischen konigs bestetigunge vber
das land zu Lusitz habe; sey auch mit demselben konig in
hoch verpflichter eynunge dorinn zwuschen yn beiden ein vsztrag, vnd das yr keiner des andern fihent vmb keinerley sache
willen werden sulle, gesatzt sey. Vber sollich verschribunge
vnd bestetigunge habe sich der konig vnderstanden, yn von dem
lande zu Lusitz zu dringen wider recht vnd an vsztrag etc.
Vnd der marcgraue habe den konig von Thenemarcken an-
geruffen, yn by recht helffen zu behalden. Vf solch ersuchen
sey [von] demselben konige dem marcgrauen zu gut vast
groszer hulffe zugesagt. Nachdem dann vnszer gnedigen herren
sich zu dem Behemischen konige hoch gefrund haben, so horen
sie sollichen schall ym zu vnglimpf nicht gern, haben darumb
diesen tag im besten furgenomen vnd laszen die obgenanten
Bohemischen rete, zu den sie sich versehen, das sie zu friede
vnd wolstande der lande geneigt sein, gutlichen bytden, zu
helffen vnd zu raten, damit diese dinck in guden zu furd weren,
zu vermydunge blutvergiszens vnd grosz vbels, das sich dorusz
finden vnd begeben mochte; das wullen yre gnade vmb den
konig fruntlich verdinen, auch sie in gud verschulden.

Haben die Behemischen rete durch hern Jobsten daruf
reden laszen: Als wir verzalt haben, wie durch marcgrauen
Friderichen an den konig von Thenemarcken getragen, auch
furd erschollen sey, yer herre sulle uber keiser Sigemunds,
konig Laszlaws seliger vnd der Behemischen herren verschri-
bungen, auch yrs itzigen konigs bestetigunge vnderstanden habe,
yn von der vogtie zu Lusitz zu dringen vnd sich an dem vsztrage in yr beider eynunge gesatzt nicht zu gnugen lassen etc.
Daruon sey vf den nechstgehalden tage hie zu Brux, da der
konig, auch vnszere gnedigen herren herzog Wilhelm vnd
herzog Albrecht, auch der marcgraf geinwertig gewest sein,
sumiglich gehandelt, vnd wol gehort, das der konig an redelich
vfrichtig vrsache dorinn nichts furgenomen habe, dann er ym
selbs schuldig sey, siner crone zugehorunge wider in zu brengen. Vnd wie er des gein dem marcgrauen zu widerstande

sey komen, sulle sich zu siner zid am tage wol luter erfinden,
dauon sie dieszmal nicht ferrer sagen wullen. Sundern die-
weile vnsz[er] gnedige herren an dem konige erlangt haben,
die sinen zu diesen tage zu schicken, das sine gnade yn
zu willen gethan habe, so begern sie von vns, das wir yn
von vnsz gnedigen herren wegen mittel furhalten, dadurch
die sachen in gud bii zu thunde sey. Was sie als inwoner
der crone zu Behemen, die der sache gern gud sehen darzu
geholfen geraten, gedynen mochten vfs beste, des solten wir
sie willig finden.

Had er Jhane doruf geredt: Vnsz[er] gnedige herren haben
sider des nest gehalten tags hie zu Brux, da der maregraf yn
copien siner verschribunge vnd bestetigunge vber das land zu
Lusitz, auch der eynunge zwuschen dem konige vnd ym ge-
laszen habe, in den sachen an gelarten vnd trefflichen luten
sere hochen vnd offen rat vnd erfarunge gehabt. Von den sie
vnderwiesen sin, das in den dingen nicht vfrichtigers, rechtlichers, zimlichers vnd billichers zu thunde sey, dann das es
nach laut sollicher verschribunge gehalden werde: also ab der
konig das land zu Lusitz von dem maregrauen wider haben
wulle, das er ym dann sin geld nach laut der verschribunge
heruszgebe. So dasz gesche, ab dann der konig vermeyne,
der maregraue solle ym furder me von abtretunge oder ent-
ledigung ichts pflichtig sin, so moge er yn dorumb rechtfertigen
vf den vstrag in yr beider eynunge gesatzt; das sey ein
mittel, das vnsz[er] gnedigen herren vf vorgerurte gehabte er-
farungen auch billich vnd glimpflich beduncke; vnd wir bytden
die rete, daran zu sin, das das also einen guten furgang ge-
wynne. Ab dann der maregraue, so ym vszrichtunge wider-
faren were, dorinn icht vszflucht suchen oder mutwillen uben
wolt, darin wolten vnsz[er] gnedige herren sich fruntlich halden
ym zu sagen vnd yn, als sie nicht zwineln, zu billichen vnd
rechtlichen vsztrage vermogen.

Doruf had her Jobst geredt: Solliche wege, yn zu mittel
furgehalden, haben sie verstanden. Aber nach dem vor vnsz[er]
gnedigen herren mit dem konige vsz den sachen selbs gehandelt hedten, haben sie ym ander glicher vnd zimlicher mittel
furgehalten, die weger wann diese gewest vnd doch zu dem
mal nicht vfgenomen sein; solten sie nu dieser geringer mittel,
yn von vns furgehalten, annemen, an den konig zu brengen

mochte sin gnade schimpflich verstehen. Vnd begerten, das
wir yn ander fuglicher mittel fur geben, die vor nicht vf der
ban gewest weren. Was sie dann im besten dorzu gedinen
mochten, weren sie willich.

Had her Jhane geredt: Diewile yn vnsz[er] furgehalten
mittel, die doch vnsz[er] gnedigen herren vf gehabte erfarunge
vnd an sich selbs glich billich, rechtlich, vfrichtig vnd glimpflich beduncken, nicht gefallen wollen, so haben vnszer gnedigen herren herzog Wilhelm vnd herzog Albrecht vf dem
fordern tage als von yn selbs in der gute ein mittel furgehalten,
das der marcgraf das land zu Lusitz sin lebtage innen behalten
vnd das land nach sym tode lediglich an die cron gefallen solt;
dargegen habe der konig fur ein mittel furgehalten, er wulle
den marcgrauen fur das land zu Lusitz iiij m. gute schock
vnd fur Cottbus ein m. gute schock vszrichten; aber der mittel
sey keins vfgenomen.

Beduchte sie nu, nochmals vf der mittel eyns zu arbeiten
sin, dauon wolten wir gern reden, das anbrengen vnd ganszen
vnszern flisz dabi thun, ab dadurch die sache in gud zu
verynnen mocht zu vermydunge vil vbels; dann vnsz[er] gnedigen herren vf daszmal kein höcher mittel, dann wie vorgerurt
ist, gewuszt hedten furzuhalten; desglichen auch wir ytzund.
Vnd wiszen auch noch nicht glichers, billichers, vfrichtigers
vnd rechtlichers vsztrags, dann in der eynunge verfaszt sey.

Daruff had er Jhane gebeten, ab sie icht glicher zimlicher vnd besser mittel wosten furzunemen, das sie vns die
auch vffenten vnd furhalten; zwiuelt vns nicht, vnsz[er] gnedigen herren wurden sich darby getrulich fliszigen vnd bearbeiten, ob dorinn icht guts zu erlangen wer.

Doruf ist diese nacht bedacht genomen.

Vf mantag fruh, als wir zu den Behemischen reten qua-
men, hat er Jobst nach verzehlunge gestriges abscheids gemeldet vnd begert, ab wir vns in den dingen icht ferrer mittel
oder guten wege, damit die sache in gud by zu thunde wer,
bedacht hedten, das wir die uffenbaren wolten; deszglichen
wolten sie vns yren bedacht auch entdecken vnd furder mit
vnsz darusz handeln, die wege vber ein zu zihen.

Doruff had her Jhane geredt: Wir habin yn gestern etlich
wege, die vnser gnedigen herren nach tieffer gehabter erfarunge
glich, billich, rechtlich vnd vfrichtig beduncken, und darnach

etlich mittel, die auch vff dem fordern tage gelaudt haben,
furgehalten. Vber das sey vns vnvergessen, das der marcgraue
vf demselben nechsten tage ein geboth dargesatzt habe, das
vnsz[er] herre der konig einen, zwene oder drie fursten im
riche, die vnpartieschs vnd der marcgrauen fihend nicht weren,
irnennen mocht; was die billichten vnd erkenten, das der marcgraf in den dingen nach laut der eynunge vnd verschribunge
thun oder lassen solt, des wolt er sich halden. Wo nu dem
konige die wege vnd mittel, yn von uns furgehalten, sundern
ym mer der vsztrag vf sollich fursten im riche als vorgemeldt
gelieben wolt vnd vnszern gnedigen herren von ym zu verstehen wurde: zwiuelt vns nicht, yre gnaden wurden sich daruff
bii dem marcgrauen zum fliszigsten bearbeiten, ab sie yn noch
dahin brengen mochten, das also vfzunemen. Dann alle die
wege, die yre gnaden konten vnd westen furzunemen, dadurch
die sache gutlich oder rechtlich zufurd vnd biigethan vnd
furder inriszunge vermyden wurde, dabii lieszen sie sich als
die, die den beden teilen frundschafft eynunge vnd aller
gelegenheit halben schuldig weren, keiner muwe, arbeit oder
kost verfilen.

Dargegen had her Jobst verzalt: Vsz den wegen vnd mitteln, yn vor vnd auch ytzund von wegen vnser gnedigen herren
vszgethan, vermercken sie, das yre gnaden nichts nachlaszen,
zu suchen vnd fur zu wenden, dadurch die sachen durch gutlich mittel oder billich vsztrege an ferrer verwyterunge biigethan wurden. Sie wiszen auch wol, yre herre der konig, so
sie ym das furbrengen, werde das von vnszern gnedigen herren
als von sinen lieben frunden zu groszem willen vnd fruntschafft
danckbarlich verstehen vnd vfnemen. So dann der ytzige letzst
weck yn von vns furgehalten vmb vstrag vf einen zween ader
drii fursten im riche, die er ernennen mocht, sey an ym selbs,
ob das vfnemen wurde; so sein ym vnser gnedigen herren von
frundschafft vnd eynunge sollichermaszen gewandt, das er an
zwiuel sollichs erkentnis, ab das gescheen solt, nymands im
riche hocher vertruwet, dann yren gnaden. Aber sie wullen
das alles an den konig brengen; welche der wege ym dann
gemeynd sein vffzunemen, solle vnszern gnedigen herren von
ym zu wiszen werden. Nu vermeyn der konig sich in kurtz
nach Ostern zu erheben vnd gein Glogaw vf einen tag gegen
den konige von Polan zu rijten; so wer gud, das die sachen

in kurtz geendt vnd vf guten grund bericht wurden. Dorumb so wer yre meinunge, das man daruf griffe vnd verhandelte, das unsz[er] gnediger herre hertzog Wilhelm vnd vnszers gnedigen herren hertzog Fridrichs rete kurtz nach Ostern vff einen tag gein Gorlitz oder Budissin neben den konig quemen, der sach vf der furgehalten wege einen vff grund zu griffen vnd zu besliszlichem ende zu brengen.

Had er Jhane verzalt: Hinder vnszm gnedigen herren hertzog Wilhelm verwillen wir uf keinen tag zu komen an sin beuelunge. Auch bedunckt vns des nicht fruchtbar oder verfenglich sin, eynichen tag, daruf sin gnade personlich komen sulle, furzunemen, es sey dann allersiid durch die rete vmb alle punct abgeredt vnd besloszen, wie es bestentlich bliben vnd gehalden sulle werden, angesehin, wann sin gnade vf einen tag queme vnd wurde aber alsuor nichts beslossen, das brechte groszen schall vnd furder irung vnder den luten. Dorumb wer beszer das ein tag gein Camentz ader Budissin furgenomen, des konigs auch beider vnsz[er] gnediger herren von Sachsen vnd des marcgrauen rete daruf geschickt wurden, aller punct besliszlich vf grund eyns zu werden vnd alda zu uberkomen, dasz darnach in kurtz vnszer gnediger herre hertzog Wilhelm, ab das sinen gnaden gewillet wurde vnd vnszers gnedigen herren hertzog Fridrichs rete vf einen tag gein Camentz quemen, die sachen zu besliszen, also das furder grund, allerseid furgenomen gemacht vnd gehalden werde, dann vorgescheen wer. Ab aber die rete von vf dem tage eynchs stucks nicht hedten mogen eyns werden, das dann vnser gnediger herre hertzog Wilhelm macht solt habe doruber zu sprechen, vnd was er vszspreche, das es dabi bliebe, damit kein stosz in den sachen wurde. Wer yn der weck icht sinneclich, das mochten sie an den konig brengen; desglichen wolten wir an vnszn gnedigen herren thun.

Vff den weck had er Jobst wider geredt: Mocht es gesin, das die rete allersiid quemen gein Gorlitz, so der konig da were, so konten sie den handel anfehen vnd bynnen des konigs vszwesen vf dem tage zu Glogaw verfaszen, das dor uf sin widerkunft besloszen wurde; das solt vil guts thun. Dawider had er Jhane geredt: Das seihe nicht anzubrengen vnd sey auch nicht fuglich, sundern das die rete gein Camentz geschickt werden.

Had er Jobst geredt: Ab sich aber des konigs riiten gein Glogaw verzihen wurde, das dann die rete gein Brux zusampne geschickt wurden, obgerurten handel zu besliszen.

Vff die vnd ander gehalten rede ist zu Brux der abscheid gewest, das der gehabt handel diesz tags durch die konigischen rete an iren herren vnd durch vns an beide vnsz gnedige herren bracht solle werden. Was dann des konigs meynunge dorinnen sei vnd wohin man die rete zusampne schicken sulle, das sulle er vnszern gnedigen herren beiden gein Missen schriben; so sulle vnsz[er] gnediger herre hertzog Fridrich den handel auch an marcgrafen Friderich brengen vnd bij ym arbeiten laszen, sin rete mit vf den tag der furgenomen werde zu schicken, sines willens vnd meynuug ganz gemechtigt.

Item er Jhane bat die konigischen rete, doran zu sin, so es zu andern tagen queme, das sie dann wider dabii geschickt wurden vmb des willen, das diesz[er] handel yn nu kundig sei, vnd wo ander nuwe dabii geschickt solten werden, das mocht sere irren vnd die sache witleufftiger werden.

XXVI.

1462. 13. April. Seida. — *Bericht über die geheime Schlussunterredung des sächsischen Obermarschalls Jan von Sleinitz mit Jobst von Einsiedel in der Lausitzer Angelegenheit, mit weiteren Nachrichten.*

Orig. im grossherzogl. und herzogl. Gesammtarchiv zu Weimar, **Reg. C,** pag. 2, Nr. 2, fol. 74, 75.

Uf dinstag nach Palmarum fru, als wir zu Sayda von den altherzogischen reten scheiden wolten, sagt vns er Jhane von Slinitz: Er Jobst wer zu Brux allein zu ym komen vnd hedte gesprochen: Er marschalck! Ir herzogischen wollet vns konigischen vmbgehen vnd erslichen! Fragt er Jhane: Als wie? Sprach er Jobst: Ir wullet vns alsuil glicher gebote fursetzen, das wir dor mit glimpf nicht verslaen kannen; verslaen wir sie dann, so wullet ir den glimpf behalden, uch damit von vns fliszen vnd dem marcgrauen wider vns helffen. Sprach der marschalck: Wir thun, was vns beuolen ist; noch werden wir damit nicht ablaszen, sundern uch konigischen aber ein gebot fursetzen, des ir ye keinen glimpf haben werdet zu verslaen, ab ir die andern alle versluget. Sprach er Jobst: Ich musz in glauben mit uch reden. Myn herre der konig ist in den

sachen ubel verfuret vnd ich zwinel nicht, er werde den ver-
furern nymmer hold, sundern werde yn noch yren rechte lon
geben. Wy dem, so ist mins herren des konigs meynunge in
dem furnemen gewest, das er gern das land zu Lusitze an sich
brengen vnd einen siner sone damit bestaten wolte bii sym
leben, nachdem er ein swerer herre ist vnd nicht weisz, wann
oder wie sichs mit ym schicken mag; vnd ye neher er sin
sone bii vnszern guedigen herren von Sachsen, zu den er sich
alles guten versehe, gesetzen mocht, ye lieber ym das wer, in
frundlicher zuversicht, sie solten hilff vnd trost von yn haben.
Vnd had ern Jhane gebeten, das er helffe vnd rate, damit in
der gute wege furgenomen werden, dadurch dem konige das
land werde vnd die sache in gud zu rynne; dann das recht
sey ym nicht eben; er wisse auch wol das er daran nicht ge-
wynne. Had er Jhane gesprochen: Was sal man helffen oder
rathen? Der konig ist mit dem maregrauen in hoch verpflichter
eynunge, had ym auch sin verschribunge vnd bestetigung vber
das land zu Lusitz gegeben, vnd glichwol daruber das furnemen gein ym gethan, damit den glauben sere gein ym ver-
ruckt vnd nicht allein gein ym, sundern villicht auch gein
mynen gnedigen herren von Sachsen! Was sal man nu furnemen, damit wieder gantzer glaube zu machen sey? Dann ab
der konig vermeynd den maregrauen an geld vom lande zu
dringen, das laszt sich vnsanfft thun, dann er wirt sich darnach schicken vnd mag sich gereid darnach geschickt habe,
das er sich villicht meynd vnrechts vffzuhalden, vnd besorge
sich, werde die sache vast wyt flechten. Had er Jobst gesagt:
Nu ist doch ein mittel furgehalten, das der konig dem maregrauen etlich geld fur das land zu Lusitz vnd auch fur Kottebus geben sullt; demselben wege gehe man nach vnd lasse den
vf ein ende brengen. Had her Jhane gesagt: Wie kompt der
maregraue darzu, das er halb geld fur das sin nemen sol vber
sin verschribunge vnd bestetigung? Er wirt sich vnsanfft
binder brengen lassen. Had er Jobst gesagt: Ab man ym dann
solt thusend oder zweytusend schock mer geben, daran leszt
es der konig nicht gebrechen. Had er Jhane gesagt: Ich besorge, ob man der summ eyns wurde, das dann der maregraue
des lands zu stund abtreten solt, als ob er dauon gedrungen
wer, das wurde er swerlich thun; sundern man mocht gedencken
ein weck zu treffen, das das vber antworten hernach vber ein

halb jare geschee in der forme, als ab der konig des alsdann
von nuwens mit dem marcgrauen in fruntlichkeit vberkomen
wer; so kont nymand vbels doruf gereden. Sprach er Jobst:
Des finde man wol masze.

Item er Jobst hat auch ern Jhane furgehalten, das er vf
den tage zur Wilsnach gewest vnd was da gehandelt sey. Des
had er Jhane bekand vnd den gruwen ern Jobsten grosz gemacht, wie merclich hulff dem marcgrauen von dem konige
von Thenemarcken erschine, vnd wer villicht der konig von
Polan vnd ander vil mer dorin bracht, wo ich nicht da gewest.
Had er Jobst gesagt: Der konig von Polan sey den Behemen
nicht hold; das wiszen sie wol vnd es mache sin gemahel.
Nach diesem handel ist es zu dem andern verzechenten ab-
scheide komen.

Meind er Jhane, alsuil er dorusz merckt, so lasse sich
der konig richten; darzu brenge yn der tag zur Wilsnach
gehalden.

Item wie der konig allen handel erferet, vnd ym ist ein
zedel worden, wer zur Welsnach gewest ist.

Item wie die Vitzthum allen myns gnedigen herren handel
erfahren.

Item mym gnedigen herren zu sagen von ern Jhans wegen, myn alder herre wulle yr krigen vnd spreche, er wulle
nicht vmb sine [ere] vnd lumund komen, habe auch dorumb
ytzund einen landtag vf dornstag in der Osterwochen (22. April)
gein Oschatz furgenomen. Nu wisze doch myn gnediger herre
wol, was sin bruder fur ein kriegesmann vnd wie er dorzu
geschickt sey. Als wer er vast vnd sage ym allerley vor vnd
nemlich, das er der Behemen kaum von sym halse los worden
sey vnd lade er sie wieder vf sich, so werde er nach sin
kinder yr nymmer wider los. Die vnd ander vil vrsache, was
er yn der wise furzuhalden, helffen alle nicht; er sey gantz
dorzu geneygt. Diewyle sich aber diesz handel also begebe,
wulle er doran sin, das der landtag abgeschriben werde vnd
lasse mynen gnedigen herren gar sere bytden, das sin gnade
helffe vnd rate, das die sache zu richtunge bracht werde, angesehen, was yn beyden daran gelegen sey; dann sulle es zu
richtunge komen, das wulle vast an sinen gnaden liegen. So
wuller er vf jhenen ortte vnd gein den marcgrauen auch allen
flisz, alsuil er moge ankeren.

Item vmb myns gnedigen herren landtag zu sagen.
Item den reten diesz zu sagen.
Item von ern Jobsten zu sagen.
Item das des alden bischoffs rete stetiglich zu Prage ligen. [1]
Item auch den anslag der Behemen vnd ern Apels vmb das land zu Francken der hulff halben dem alden bischoue.
Item von dem muntzerknecht wegen zu Friberg.

XXVII.

1462. 22. April. Cöln an der Spree.

Kurfürst Friedrich von Brandenburg an den Kurfürsten zu Mainz:[2] Er habe mit ihm durch Meister Sigmund von Rothemburg einen Tag nach Mühlhausen auf Jubilate (9. Mai) verabreden lassen. Nun werde aber zu Georgi (24. April) der König von Böhmen nach Görlitz kommen, das nahe bei seiner Stadt Kottbus gelegen sei, und solle acht oder zehn Tage darauf eine Zusammenkunft desselben mit dem Polenkönige zu Grossglogau stattfinden, das gleichfalls nahe an der Grenze seines Landes gelegen sei. Was die Zusammenkunft bedeute, wisse er nicht: aber es gehe die Rede. dass die Könige sich gegen ihn verbinden wollten. Jedesfalls müsse er zu dieser Zeit anheim bleiben und auf den Gang der Dinge Achtung haben; er könne den Tag zu Mühlhausen auch schon deshalb nicht besuchen, weil seine Landschaft ihm in keiner Weise gestatten wolle, jetzt ausser Landes zu reiten. Bittet, den Tag bis Sonntag Trinitatis (13. Juni) zu erstrecken, zu welcher Zeit er persönlich erscheinen werde, und bei dem gegenwärtigen Boten Antwort zu thun. Cöln an der ‚Sprew‘, am Donnerstag nach Ostern.

Copie ebendort, fol 76.

Vom selben Tage Briefe des Markgrafen an die Herzoge Friedrich und Wilhelm von Sachsen mit wesentlich gleichem

---

[1] Johann von Würzburg (?).
[2] Adolf von Nassau, nicht Diether von Isenburg.

Inhalte und der Bitte, auch ihrerseits den Tag mit dem
Mainzer bis Trinitatis zu erstrecken und diesem deswegen zu
schreiben.

Orig. ebendort, fol. 77 und 78.

XXVIII.

1462. 26. April. Liebstadt.

Heinrich von Bünau an Kurfürst Friedrich von Sachsen:
Meldet, dass nach einem Gerüchte in und bei Prag 11.000 Mann
lagern. Sie seien heute gegen ‚Schahe‘ gekommen, das eine
halbe Meile ‚von Toplicz‘ liege, doch waren ihrer nur 4000
von den Brüdern, deutsche und böhmische durcheinander, aber
auch Ungarn, ‚Walen‘[1] und Türken darunter, und alle rüstig.
Wohin sie zögen, wisse er nicht; aber er habe die Leute auf
dem Gebirge warnen lassen und ebenso den Landvogt. Doch
meine er, es gelte nicht ihm, dem Kurfürsten, sondern vielmehr den Brandenburgern und Kottbus; der König könne so
auch leicht sagen, nicht die Seinen thäten es, sondern andere
Leute, und jene handelten nach eigenem Willen. Datum ‚Libe-
stadt‘, Montag [nach] Marci.

Copie ebendort, fol. 80.

Zettel: Der König sei Sonntag Marci mit ‚der Boschyroth‘
aus Prag gezogen, gestern, Montag. hätten sie bei ‚Lawschitz‘
ihr Lager gehabt, heute stünden sie zu ‚Karrwitz obwendig
Awszk‘. Mittwoch oder Donnerstag stehe der König mit 4000
bis 5000 Mann sicher in der Lausitz. Von seinen weiteren
Absichten sei ihm auch jetzt noch nichts bekannt.

Copie ebendort, fol. 81.

XXIX.

1462. 28. April. Meissen.

Kurfürst Friedrich von Sachsen theilt Brief und Zettel
Günthers von Bünau seinem Bruder Wilhelm, wie dem Mark-

---

[1] Wälsche (Rumänen).

grafen Friedrich von Brandenburg mit. Ersucht Herzog Wilhelm, ihm zu einer persönlichen Zusammenkunft einen Tag zu bestimmen; er bestimme ihn nicht selbst, da er Wilhelm ‚mit viel Tagen belastet‘ wisse. Mittwoch nach Quasimodogeniti.

Orig. ebendort, fol. 83.

Zettel: Er habe seine Räthe geschickt, zu sehen, was ‚die Brüder‘ thäten.

Orig. fol. 82.

XXX.

1462. 5. Mai. Frankfurt a. d. Oder.

Markgraf Friedrich von Brandenburg an die sächsischen Herzoge: Nimmt den Vorschlag des Böhmenkönigs an; hofft, sie würden ihn dabei nicht ohne Beistand lassen; er habe sich stets erboten, die Sache nach dem Rechte zu ordnen u. s. w. Mittwoch nach Misericordia.

Copie ebendort, fol. 87.

XXXI.

1462. 9. Mai. Meissen.

Kurfürst Friedrich von Sachsen meldet dem Könige von Böhmen die Zustimmung des brandenburgischen Kurfürsten; der Kurfürst erhalte zugleich von dieser Mittheilung wieder Nachricht. Sonntag Jubilate.

Copie ebendort, fol. 88.